湖南省高校思想政治工作骨干队伍建设项目（20GG017）成果

# 高校辅导员故事育人：理论阐述与实践应用

GAOXIAO FUDAOYUAN GUSHI YUREN：LILUN CHANSHU YU SHIJIAN YINGYONG



阙庆华 / 著

湘潭大学出版社
XIANGTAN UNIVERSITY PRESS

**图书在版编目（CIP）数据**

高校辅导员故事育人 : 理论阐述与实践应用 / 阙庆华著. -- 湘潭 : 湘潭大学出版社, 2024. 6. -- ISBN 978-7-5687-1467-9
Ⅰ. G645.1
中国国家版本馆 CIP 数据核字第 2024U7F176 号

**高校辅导员故事育人：理论阐述与实践应用**

GAOXIAO FUDAOYUAN GUSHI YUREN : LILUN CHANSHU YU SHIJIAN YINGYONG

**阙庆华 著**

**责任编辑：** 唐姝莹
**封面设计：** 李　平
**出版发行：** 湘潭大学出版社
**社　　址：** 湖南省湘潭大学工程训练大楼
**电　　话：** 0731-58298960 0731-58298966（传真）
**邮　　编：** 411105
**网　　址：** http://press.xtu.edu.cn/
**印　　刷：** 长沙印通印刷有限公司
**经　　销：** 湖南省新华书店
**开　　本：** 710 mm×1000 mm 1/16
**印　　张：** 14
**字　　数：** 221 千字
**版　　次：** 2024 年 6 月第 1 版
**印　　次：** 2024 年 6 月第 1 次印刷
**书　　号：** ISBN 978-7-5687-1467-9
**定　　价：** 49.00 元

# 前 言

在高等教育中，辅导员的角色日益凸显。《普通高等学校辅导员队伍建设规定》明确辅导员是开展大学生思想政治教育的骨干力量，是高等学校学生日常思想政治教育和管理工作的组织者、实施者、指导者。辅导员应当贴近学生实际开展业务工作，努力成为学生成长成才的人生导师和健康生活的知心朋友。

但是传统的辅导员角色定位往往侧重于管理和指导，在实践工作中更多的是以“讲解员”的身份苦口婆心、语重心长地对广大学生进行日常事务管理和思想理论教育，忽略了对学生心灵的契合以及实际问题和困难的及时有效回应。这就导致辅导员在育人工作中，一方面以居高临下、空洞说教甚至照搬照抄的话语形式形成“重讲理、轻共情”“理论多、实例少”的工作状态，导致在说教说理中缺失人文意蕴；另一方面辅导员的良苦用心无法充分激活和发挥大学生的主体性，在“三全育人”的视域下他们仅仅只是正三观的被动“接受者”角色，而自己的主体性无法成功激发与发挥，甚至甘愿让自己成为“沉默的大多数”。这样的现状势必让辅导员的工作效果大打折扣，更谈不上在业务工作中辅导员能真正成为每一位学生成长成才的人生导师和健康生活的知心朋友。

习近平总书记曾说：“好的思想政治工作应该像盐，但不能光吃盐，最好的方式是将盐溶解到各种食物中自然而然吸收。”这个比喻生动形象又颇具启迪。如何协调好思想政治工作的“盐味”？其实也就是要找到合适的思政工作方式方法。辅导员为了更好地开展本职业务工作，达到理想的育人效果，除了努力提升自身的理论素养和业务水平，及时掌握新时代大学生的成长规律和思想行为特征外，更要在与时俱进中寻找与学生契合的话语模式，能让其乐于与辅导员相处交流。

爱听故事是人的天性。人在一生中的任何经历都终将可以被称为故事。讲故事，故事叙事，不失为贴近大学生话语体系和接受模式的有益尝试。故事是传统而古老的文化形式，是人成长历程中不可或缺的元素。罗兰·巴尔特曾说：故事跨越国度、历史、文化而到处存在，正如生活本身一样。辅导员如果能从单纯的“讲解员”成长为深受学生喜爱的“故事家”，通过讲故事而非灌输、独白的枯燥方式开展育人工作，可以在大学生思想政治教育和行为指引等方面起到正向推动作用。故事以其独特的魅力、生活化的描述、鲜活的形象、细腻的感受，不仅可以弥补理论教育的不足，还可以与理论教育相得益彰。辅导员通过讲述富有情感色彩和深刻内涵的故事，来触动学生的心灵，引导他们形成正确的世界观、人生观和价值观。并且不同文化背景下的故事，还可以帮助学生拓宽视野，增强文化认同感。因此，近年来，随着教育理念的不断更新，越来越多的学者和教育工作者开始关注“故事育人”这一策略。

我国素有“讲好故事，事半功倍”“一个故事胜过一打道理”的共识。习近平总书记在全国高校思想政治工作会议上曾说“天边不如身边，道理不如故事”。实践表明，故事育人无疑是一种契合大学生生活与话语体系的理想的育人理念和方式。将故事育人运用到辅导员的九大工作职责中，既能彰显“话语内容”的生命力，提升“话语主体”的感召力，又能增加“话语形式”的亲和力，为落实立德树人根本任务提供新思路和新方法。

本书从故事育人的角度，对作者 10 余年一线高校辅导员的工作经验与感悟进行了全方位的总结与提炼。全书共计10章，前4章是对故事育人展开的理论阐述，后6章是对故事育人在辅导员九大工作职责中的具体运用与实践的情况介绍和经验总结。

本书的创作得到了湖南省高校思想政治工作专项资金资助，是湖南省高校思想政治工作骨干队伍建设项目（20GG017）的成果之一。在本书的创作过程中，作者有幸得到了所在单位及领导、同事的鼎力支持，也得到了出版社很多同志的认真指导，还得到了文中所列出或还未来得及列出的所有参考文献作者的点拨教诲，再此一并表示诚挚的感谢！

由于作者才疏学浅，加之创作时间紧迫，书中难免存在不尽如人意之处，敬请业内专家批评指正，恳请广大读者朋友海涵。最后，真诚地希望本书能给高校辅导员同行带来些许裨益。

**阙庆华**

**2024年5月**

# 目 录

# 第一章　故事育人

## 第一节　故事育人概述

在高校教育体系中，辅导员的角色远非简单的教育者或管理者所能涵盖。他们是学生成长道路上的引路人，是连接学生与学校、家庭与社会的桥梁。辅导员的重要性不仅体现在他们对学生日常学习和生活的关心与指导上，更在于他们在塑造学生人格、培养学生社会责任感方面所起到的关键作用。

传统的教育方式往往侧重于事务管理、思想政治教育、规章制度约束、文化知识传授和核心价值观灌输，辅导员在一定程度上忽视了对大学生心理情感、人生态度和价值观的培育和滋养。随着新时代网络新媒体的迅速发展，以“00后”为主体的大学生的行为方式、思维模式均发生了深刻变化，重讲理轻导情、多理论缺实例、语言涩理解难等教条化、枯燥化的思想政治教育显然无法达到理想的育人效果，势必要寻求与大学生同频共振的思政教育方式和路径。

### 一、故事育人的起源与发展

故事育人的起源可以追溯到古代，那时人们通过讲述神话、传说、寓言等故事来传递道德观念、生活经验和智慧。东西方最早的教育活动方式之一就是讲故事。这些故事不仅丰富了人们的精神世界，也起到了教育引导的作用。我国流传甚广的儒家经典、蒙学读物、家训家书、成语典故、戏曲唱本和神话传说当中，随处都能捕捉到故事叙事的影子。另外，古代中国的《二十四孝图》、西方的《荷马史诗》等都是以讲述故事的方式来达到教育目的。

随着社会的发展，故事育人逐渐成了教育领域的一种重要手段。在现代教育中，故事育人更是得到了广泛运用与推广。在教育领域，故事育人的起源可以追溯到古希腊时期的"叙事教育"。当时，哲学家们通过讲述寓言、神话等故事来传授哲学思想，引导学生思考人生、道德等问题。这种叙事教育的方式逐渐传承并发展，便成了现代教育中的故事育人。20 世纪后期初显的教育叙事法以其注重对人性的关怀与理解，重视对个体的反思和内省的独特视角，拓展了大学生思想政治教育的新渠道。随着教育理念的不断更新，越来越多的学者和教育工作者开始关注"故事育人"这一策略。

故事育人的发展离不开教育心理学和认知科学等学科知识的支持。教育心理学认为，故事能够激发学生的情感共鸣，促进学生的认知发展和社会化进程。认知科学则揭示了故事对人类大脑的影响机制，证明了故事能够帮助学生更好地理解和记忆知识。随着教育理念的更新和教学方法的创新，故事育人成了现代教育中的主流手段。近年来越来越多的学校开始将故事育人纳入教学计划中。在美国的一些中小学中，教育者会利用故事来教授历史、文学、科学等学科知识，帮助学生更好地理解和掌握这些知识。我国许多教育者开始尝试将合适的故事有机融入课堂教学中，通过讲述生动有趣的故事来激发学生的学习兴趣和积极性。一些教育机构也会开展以故事为主题的教育项目，如"故事大王""故事创作营"等，以培养学生的创造力和表达能力，以此进一步推动故事育人的发展。

喜欢听故事是人类的共性。"故事育人"能让大学生思政教育变得更加通俗化、生活化。实践证明它是一种容易与大学生产生同频共振的思政教育方式。在这样的背景下，"故事育人"策略应运而生。未来，随着教育理念的不断更新和教学方法的不断创新，故事育人将会在教育领域发挥更加重要的作用。

## 二、故事育人的内涵

故事育人，即教育者通过叙述故事的方式，将既蕴含思想观念、政治观点及道德规范又贴近学生、贴近社会、贴近生活的小故事传递给学生，让其在听故事的过程中细细感悟、体验、理解乃至自觉认同其中所隐含的观点与理念，从而达成立德树人的目标。它既是一种教育理念，也是一种教育方法。

故事育人强调通过讲述富有情感色彩和深刻内涵的故事，来触动学生的心灵，引导他们形成正确的世界观、人生观和价值观。不同文化背景下的故事，可以帮助学生拓宽视野，增强文化认同感。同时，随着现代技术的发展，故事创作与传播的方式也日益多样化，如短视频、音频故事等，这些都为“故事育人”策略的实施提供了有力支持。实践表明，通过故事育人，可以提高学生的情感智商、批判性思维和创新能力，有助于培养他们的综合素质和社会责任感。

辅导员将故事育人理念融入日常工作中，通过组织“故事分享会”等活动，鼓励学生分享自己的成长故事和感悟。这些活动不仅增强了学生的自信心和表达能力，还促进了学生之间的交流和合作。同时，辅导员们也可以积极挖掘身边的优秀故事，通过讲述这些故事来引导学生树立正确的价值观和人生观。通过讲述真实、生动的故事，可以激发学生的学习兴趣，增强他们的情感体验，提升其学习动力，提高教育效果。

## 三、故事育人的学科基础

### （一）教育心理学角度

在教育心理学领域，故事育人作为一种独特的教育方式，具有深远的影响。它基于人类天生对故事的喜爱和好奇心，通过情感共鸣和认知启发，有效地促进了学生的学习和发展。故事育人能够激发学生的内在动机，使他们在愉悦的情感体验中主动探索知识，形成积极的学习态度。

故事育人有助于提高学生的认知灵活性。通过不同情境和角色的故事，学生可以学会从不同角度思考问题，培养批判性思维和解决问题的能力。例如，在解决数学问题时，学生可以通过故事中的情节和角色，将抽象的概念具体化，从而更容易理解和应用。

故事育人还对学生的情感发展和社会适应性产生积极影响。通过故事中的情感表达和角色互动，学生可以学会理解他人的情感和需求，培养同理心和社交技能。这种情感和社会技能的培养，对于学生未来的个人成长和社会融入至关重要。

在教育实践中，许多成功案例也证明了故事育人的有效性。例如，一些教师在历史课上通过讲述历史人物的故事，不仅激发了学生的学习兴趣，还帮助学生理解了历史事件背后的深层含义。这种教学方式不仅提高了学生的历史成绩，还培养了他们的批判性思维和人文素养。

从教育心理学的角度来看，故事育人是一种富有潜力和价值的教育方式。它通过情感共鸣和认知启发，促进了学生的学习和发展，培养了学生的认知灵活性，对情感发展和社会适应性产生积极影响。因此，辅导员应该在教育实践中充分利用故事育人的优势，为学生提供更加丰富和有意义的学习体验。

### （二）认知科学角度

从认知科学的角度来看，故事育人具有独特的价值和意义。认知科学是研究人类思维、学习和记忆等认知过程的科学，而故事作为一种信息载体，能够激发人们的想象力和创造力，促进认知过程的发展。故事育人通过讲述生动有趣的故事，引导学生主动思考和探索，从而提高学生的认知能力和综合素质。

相关研究发现故事能够激活大脑中的多个区域，促进信息的整合和加工。例如，当人们在听故事时，大脑的听觉皮层会处理声音信息，而视觉皮层则会生成与故事情节相关的图像。这种跨区域的神经活动不仅增强了信息的记忆和理解，还有助于培养学生的创造力和想象力。

故事育人还能够促进学生的情感发展和社会交往能力。故事中的情感元素能够引发学生的共鸣和情感体验，从而培养学生的同理心和情感表达能力。同时，故事育人还能够提供丰富的社交场景和角色互动，帮助学生建立积极的人际关系和社会责任感。

故事育人不仅能够提高学生的认知能力，还能够促进学生的情感发展和社会交往能力。因此，在教育实践中，辅导员应该充分利用故事育人的优势，引导学生主动思考和探索，从而培养学生的综合素质和未来发展潜力。

### （三）人文社会科学角度

在人文社会科学领域，故事育人作为一种独特的教育方式，具有深远的意义。它不仅仅是一种教育手段，更是一种文化的传承和价值的传递。通过故事，辅导员可以将历史、文化、价值观等抽象的概念具象化，使之更容易被学生接受和理解。

以历史为例，通过讲述历史上的英雄事迹、战争传奇、社会变革等，可以帮助学生更好地理解历史的发展脉络和背后的文化逻辑。这种通过故事来传递历史的方式，往往比单纯的文字描述更能引起广大学生的情感共鸣，从而加深他们对历史的理解，也能潜移默化地培植爱国主义情怀。

故事育人还能有效促进跨文化交流和理解。辅导员在日常工作中通过分享不同文化背景下的故事，可以帮助学生打破文化隔阂，增进对不同文化的理解和尊重。这种跨文化的故事分享，有助于培养大学生的全球视野和跨文化沟通能力。

在现代社会，随着科技的快速发展和信息传播的日益便捷，故事育人的方式也在不断创新。例如，通过电影、电视剧、网络故事等多媒体形式，辅导员可以将故事育人融入学生的日常生活中，使之更加生动有趣。

正如著名教育家苏霍姆林斯基所说："教育的真正目的应该是使人不断地提出问题。"故事育人正是通过引导学生深入思考和探索故事背后的意义和价值，激发他们的好奇心和求知欲，从而培养他们的批判性思维和创新能力。

故事育人不仅是一种有效的教育方式，更是一种文化的传承和价值的传递方式。它有助于加深学生对历史、文化、价值观等抽象概念的理解，促进跨文化交流和理解，增强文化自信。通过引导大学生深入思考和探索故事背后的意义和价值，故事育人还能有效激发学生的好奇心和求知欲，培养他们的批判性思维和创新能力。

### （四）传播学角度

传播学则认为故事也是一种强大的传播工具，能够跨越文化和语言的障碍，传递价值观和世界观。通过讲述富有感染力的故事，可以激发听众的共鸣，进而改变他们的态度和行为。比如各类社会组织开展的一些公益活动，其宗旨就是通过讲述真实感人的故事，来唤起公众对弱势群体的关注和帮助。

在高校教育中，辅导员作为与学生接触最密切的教育工作者，具有得天独厚的优势来运用“故事育人”策略。他们通过讲述与学生生活息息相关的故事，来引导学生树立正确的价值观和人生观。同时，辅导员还可以利用自己的亲身经历和感悟，来为学生提供更加真实可信的故事素材，从而增强教育的说服力和感染力。

在各项日常工作中，辅导员应该充分发挥自己的优势和作用，积极运用“故事育人”策略来引导广大学生健康成长和全面发展。

## 四、国内外的研究现状

近年来，国内外关于“故事育人”的研究逐渐受到重视。在国外，许多教育学家和心理学家通过实证研究证明了故事在教育中的重要作用。例如，美国教育心理学家布鲁纳（Jerome Bruner）在其认知发展理论中强调，故事能够帮助学生通过情境代入和角色扮演来构建知识，促进学生的认知发展。一些跨文化研究也表明，故事在不同文化背景下都具有普遍的育人价值，能够帮助学生形成正确的价值观和道德观念。

随着素质教育的纵深推进，我国越来越多的学者开始关注故事育人的实践与研究。近年来国内一些高校开始尝试将故事元素融入思想政治教育中，通过讲述革命历史、英雄事迹等故事来激发学生的爱国情感和责任意识。一些教育工作者也积极探索将故事应用于心理健康教育、德育等领域，取得了显著成效。

尽管故事育人在国内外都取得了一定的研究成果，但仍需要进一步深入研究和探索。在加强跨学科合作、开展实证研究、构建评估体系等方面，仍存在一些问题和挑战。辅导员在实践工作中，如何选择合适的故事、如何有效地讲述故事、如何评估故事育人的效果等，也都需要进一步研究和探讨。

## 五、故事育人的功能

### （一）情感功能

故事育人中的情感传递与共鸣，是教育过程中不可忽视的重要环节。情感，作为人类内心世界的核心要素，对于个体的成长和发展具有深远的影响。在教育实践中，通过故事的形式传递情感，能够触动学生的内心，引发共鸣，从而增强教育的效果。情感传递与共鸣在故事育人中扮演着至关重要的角色。当辅导员讲述富有情感色彩的故事时，学生更容易被故事中的情节和人物所打动，进而产生情感共鸣。这种共鸣不仅能够激发学生的学习兴趣和动力，还能够促进他们对故事中所蕴含的教育意义的深入理解和内化，从而实现价值引领。

情感传递与共鸣还能够促进辅导员与学生之间的情感连接。当辅导员以真挚的情感去讲述故事时，学生能够感受到教育者的用心和关爱，从而建立起信任和亲近感。这种情感连接不仅能够增强教育的效果，还能够促进学生的全面发展。

故事育人中的情感传递与共鸣是教育过程中不可或缺的一环。通过富有情感色彩的故事，教育者能够触动学生的内心，引发共鸣，从而增强教育的效果。情感传递与共鸣还能够促进教育者与学生之间的情感连接，为学生的全面发展创造有利条件。

### （二）认知功能

故事育人中可以进行知识传递与智慧启迪，是一种独特而有效的教育方式。通过故事的叙述，人们不仅能够获得知识，还能在其中汲取智慧，实现心灵的启迪。这种教育方式在古今中外都有着广泛的应用和深远的影响。

从教育心理学角度看，故事育人中的知识传递与智慧启迪符合人类认知的规律。故事具有生动的情节和形象的角色，能够吸引听众的注意力，提高学习的兴趣。通过故事的叙述，人们可以更加直观地理解知识，加深记忆。同时，故事中的智慧元素能够引导人们深入思考，激发创新思维，培养解决问题的能力。

以党史故事为例，辅导员通过故事叙事的方式向学生讲述中国共产党和中国人民在革命、建设、改革各个时期发生的一些大事件，涌现的一批批英雄人物，不仅可以让大学生了解丰富的党史知识，还能厚植家国情怀，让学生自觉地将个人奋斗与国家民族的发展融为一体。这样的故事不仅能够让人们了解历史，更能够启迪学生的智慧，指导现实生活中的决策和行为。

故事育人中可以进行知识传递与智慧启迪，还具有跨文化的普适性。不同文化背景下的故事，都能够传递各自独特的智慧和知识。比如，古希腊神话中的普罗米修斯，他盗取火种给人类，象征着智慧与勇气的力量。这样的故事在不同文化背景下都能够启迪人们的智慧，激发探索未知的勇气。

故事育人中的知识传递与智慧启迪是一种重要的教育方式。在未来的教育中，辅导员应该充分利用故事育人的优势，发挥其在知识传递和智慧启迪方面的独特作用。

### （三）行为功能

故事育人中的行为引导与习惯养成，是辅导员实践工作中不可忽视的一环。通过故事的叙述，辅导员能够潜移默化地引导学生的行为，进而促成良好习惯的养成。这种引导方式不仅符合教育心理学的原理，也在实际教育活动中取得了显著的效果。

众所周知，高职学生的学习自主性与积极性与普通本科生相比而言要稍逊色一些，为了引导高职生积极自主学习和自觉做好学业规划，辅导员可以整理一些优秀学长或同学的成长案例故事，利用班会或谈心谈话的契机讲述给学生听。当学生听完相应故事后，他们在产生情感共鸣的基础上会反观自己的学习行为习惯，向故事主人公学习与模仿，从而促使自己养成良好的学习行为习惯。这种模仿行为其实就是故事育人中行为引导的体现。

习惯的养成也需要时间的积累和行为的不断重复。辅导员在故事育人中通过反复讲述具有教育意义的故事，让学生在不断的重复中逐渐养成良好的行为习惯。这种习惯养成的方式既符合叙事学的原理，也在实际教育活动中得到了验证。通过故事育人方式进行行为引导的学生，在遵守规则、尊重他人、勤奋学习、规律作息等方面的表现明显优于其他学生。这说明故事育人在行为引导与习惯养成方面的有效性。

### （四）成长功能

故事育人作为一种独特的教育方式，对学生个人成长和全面发展的影响深远而持久。通过故事，学生不仅能够获得知识，还能在情感、道德、认知、行为习惯等多个层面得到全面的发展。实践表明，故事育人能够显著提高学生的同理心和社会适应能力。通过参与故事讲述活动，学生们在团队合作和情绪管理方面的能力有了明显的提升，表示更愿意主动帮助他人，并且在解决问题时更加冷静和理智。

故事育人有助于培养和提升学生的创造力和批判性思维。通过引导学生分析和讨论故事中的情节和角色，教师可以激发学生的想象力和创造力，培养他们独立思考和解决问题的能力。针对目前环境污染严重的现状，辅导员可以利用合适的契机跟学生讲述关于环保的故事。在故事叙述中，辅导员可以有意识地创设机会引导学生讨论如何在日常生活中实践环保理念。学生们通过踊跃积极发言，将会提出许多富有创意的解决方案。这不仅锻炼了他们的思维能力，也增强了他们的社会责任感。

故事育人还能提升学生的情感发展和社交能力。通过故事中的情感表达和人物互动，学生可以学会关爱他人、理解他人，培养同理心和情感共鸣的能力。同时，故事育人还能够帮助学生建立良好的人际关系和培养沟通技巧，提升他们的社交能力和合作能力。

故事育人还能够促进学生的文化认同和价值观的形成。辅导员通过讲述具有文化内涵和价值观的神话故事传说，帮助学生更好地理解和接受自己的文化传统，形成积极向上的价值观。故事育人正是通过引导学生深入思考和体验故事中的情感和价值观，帮助他们建立起自己的信仰和人生哲学。

总之，故事育人对学生个人成长和全面发展的影响是多方面的，它不仅能够提高学生的知识水平和技能，还能够促进学生的情感、道德和认知发展。因此，辅导员应该在教育实践中充分利用故事育人的优势，为学生的全面发展创造更多的机会和条件。

### (五) 传承功能

故事育人作为一种独特的教育方式，对社会文化传承与发展的贡献不容忽视。它不仅能够促进传统文化的传递，更能促进现代文化的创新。通过故事育人，辅导员可以将历史、民俗、艺术等多元文化元素融入教育中，使学生在接受知识的同时，也感受到文化的魅力。这种教育方式不仅有助于培养学生的文化认同感，还能激发他们的创新思维，为社会文化的传承和发展注入新的活力。

以中国传统故事为例，通过讲述《红楼梦》《西游记》等经典名著中的故事，辅导员可以让学生深入了解中国古代社会的风土人情、道德观念和价值取向。这些故事不仅具有文学价值，更是传统文化的载体，通过故事育人，辅导员可以将这些宝贵的文化遗产传承给下一代。同时，这些故事中的情节、人物和主题也能激发学生的想象力和创造力，为现代文化的创新提供灵感。

故事育人还能促进跨文化交流和理解。在全球化的背景下，不同文化之间的交流与融合成为必然趋势。通过讲述不同国家和民族的故事，辅导员可以让学生了解不同文化的特点和价值观，增强他们的跨文化意识和能力。这种教育方式有助于打破文化隔阂，促进不同文化之间的和谐共处，为社会文化的多样性和包容性做出贡献。

故事育人不仅能够传承和弘扬传统文化，还能激发学生的创新思维和跨文化意识，为社会文化的传承和发展注入新的活力。因此，辅导员应该重视故事育人在教育领域的应用和推广，让它在社会文化传承中发挥更大的作用。

## 六、辅导员与故事育人

### （一）辅导员的角色定位与工作职责

辅导员作为高等教育中不可或缺的角色，承担着培养学生全面发展的重要职责。《普通高等学校辅导员队伍建设规定》明确指出辅导员是开展大学生思想政治教育的骨干力量，是高等学校学生日常思想政治教育和管理工作的组织者、实施者、指导者。辅导员应当努力成为学生成长成才的人生导师和健康生活的知心朋友。

辅导员的工作职责涵盖了多个方面，其中九大职责是辅导员工作的核心，具体包括：思想理论教育和价值引领、党团和班级建设、学风建设、学生日常事务管理、心理健康教育与咨询工作、网络思想政治教育、校园危机事件应对、职业规划与就业创业指导以及理论和实践研究。这九大职责不仅体现了辅导员在学生成长过程中的重要作用，也反映了高等教育对学生全面发展的要求。

在这九个方面，辅导员均扮演着至关重要的角色。在实际工作中，他们要引领学生树立正确的世界观、人生观和价值观，帮助学生解决学习、心理、就业、交友、成长等各方面的困难和问题，还要在保障安全和稳定的基础上促进学生的自我管理和成长成才。因此，辅导员必须要不断提升与完善自我。个人素质提升与自我发展是辅导员工作的重要基础。他们要通过不断学习来提升自己的专业知识和技能，为学生提供更高质量的服务。辅导员只有不断提升自己的素质和能力，才能更好地履行自己的职责和使命。

### （二）辅导员与故事育人的契合

辅导员作为大学生成长过程中的重要引导者，其角色定位与故事育人的契合性不言而喻。辅导员不仅是学生日常生活的管理者，更是学生心灵成长的守护者。他们与学生之间建立的深厚信任关系，使得辅导员成为学生们最愿意倾听和接受教诲的人。

故事育人作为一种独特的教育方式，通过讲述富有教育意义的故事，能够触动学生的内心，引发共鸣，从而达到教育的目的。辅导员作为故事的讲述者，其角色定位与故事育人的契合性主要体现在以下几个方面。首先，辅导员具备丰富的学生工作经验和深厚的教育背景，能够深入挖掘和创作富有教育意义的故事。他们了解学生的需求和兴趣点，能够根据学生的实际情况，选择恰当的故事内容和讲述方式，从而更有效地传递教育信息。其次，辅导员与学生之间建立的信任关系，使得故事育人更具说服力。当辅导员以亲身经历或身边的故事为例，与学生分享自己的感悟和体会时，学生能够感受到辅导员的真诚和用心，更容易接受并内化故事中的教育意义。最后，辅导员作为教育者，其职责不仅仅是传授知识，更重要的是培养学生的品德和人格。故事育人作为一种潜移默化的教育方式，能够帮助学生树立正确的价值观、人生观和世界观，从而促进学生全面发展。

辅导员角色定位与故事育人的契合性体现在辅导员丰富的教育经验、与学生建立的信任关系以及培养学生品德和人格的职责上。通过故事育人，辅导员能够更好地履行自己的职责，促进学生的全面发展。

### （三）辅导员故事育人的现状

大部分辅导员除了完成本职工作外，还兼任了思政课或其他课程的教师。辅导员对故事育人的应用主要集中在日常管理和课堂教学中。在日常管理中，辅导员通过与学生交流互动、关注学生的情感需求等方式，营造积极向上的班级氛围。在课堂教学中，辅导员可以通过讲述真实案例、分享个人经历等方式，引导学生深入思考和理解课程内容。然而，这些应用方式仍然存在一定的局限性。例如，日常管理可能因为辅导员的工作繁忙而难以持续和深入；课堂教学往往受到时间和空间的限制，难以充分展现故事的魅力和感染力。辅导员故事育人的实施效果也存在一定的差异。一部分辅导员能够结合学生的实际情况，设计出生动有趣、富有启发性的故事育人活动，取得显著的效果。也有一部分辅导员由于缺乏经验和创意，设计的故事育人活动缺乏吸引力和感染力，难以引起学生的兴趣和共鸣。

总体而言，辅导员在故事育人方面的应用还不够广泛和深入。一方面，部分辅导员对故事育人的理念和实践缺乏足够的了解和认识，难以将其有效融入日常工作中；另一方面，由于辅导员的工作繁忙，很难抽出足够的时间和精力来设计和实施故事育人活动。

### （四）故事育人在辅导员工作中的作用

故事育人与辅导员工作的内在联系体现在多个方面，都能促进辅导员有效开展各项业务工作，并促进辅导员在业务工作中开展理论与实践研究。故事育人也是辅导员专业发展的重要途径。通过学习和实践故事育人的理念和方法，辅导员能够不断提升自己的教育水平和专业素养。同时，故事育人也要求辅导员具备丰富的知识储备和敏锐的观察力，这有助于他们在工作中不断学习和成长。

1. 故事育人有助于提升辅导员的专业能力

故事育人作为一种新兴的教育理念，在辅导员工作中发挥着越来越重要的作用。它不仅能够帮助学生更好地理解和接受思想政治教育，还能够提升辅导员的专业能力。通过运用故事育人的方法，辅导员能够更加深入地了解学生的内心世界，从而更有效地进行心理辅导和日常管理。

在实际应用中，故事育人对辅导员的专业能力提出了更高要求。辅导员需要具备良好的故事创作和讲述能力，能够根据不同的教育目标和学生的实际情况，创作出富有感染力和启发性的故事。同时，辅导员还需要具备丰富的心理学、教育学等专业知识，能够深入分析学生的心理需求和行为特点，从而更加精准地运用故事育人的方法。

首先，故事育人作为一种富有情感色彩的教育方式，能够帮助学生更好地理解和接受辅导员的引导。通过讲述生动的故事，辅导员能够触动学生的内心，激发他们的情感共鸣，从而使学生更加愿意听取辅导员的建议和指导。这种情感化的教育方式有助于建立辅导员与学生之间的信任关系，为后续的工作奠定良好的基础。

其次，故事育人能够丰富辅导员的工作手段，提升教育效果。传统的辅导员工作往往侧重于理论灌输和说教，而故事育人则通过讲述具体的故事情节，让学生在情境中体验和感悟，从而更加深刻地理解道理和价值观。这种寓教于乐的方式能够激发学生的学习兴趣和积极性，使他们在轻松愉快的氛围中接受教育，提高教育效果。

最后，故事育人还有助于辅导员更好地了解学生的心理需求和发展特点。通过倾听和讲述故事，辅导员能够深入了解学生的内心世界和成长经历，发现他们的心理困惑和成长需求。这有助于辅导员制定更加贴近学生实际的教育方案，提供更加个性化的指导和帮助。

通过故事育人的实践，辅导员的专业能力能够得到显著提升。在实践工作中，辅导员采用故事育人方法的教育效果远远超过采用传统方法的育人效果。这充分说明故事育人在提升辅导员教育能力方面的积极作用。同时，采用故事育人方法的辅导员在心理辅导方面的满意度和效果均明显高于采用传统方法育人的辅导员。这充分说明了故事育人对于提升辅导员专业能力的重要性。

2. 故事育人能促进辅导员的职业发展

故事育人在辅导员职业发展中的作用不可忽视。随着教育理念的不断更新，辅导员的角色已经从单纯的管理者转变为学生的引导者、教育者和心理咨询师。在这一转变过程中，故事育人作为一种富有情感色彩和启发性的教育方法，为辅导员提供了与学生建立深层次联系、提升教育效果的新途径。

故事育人有助于辅导员的职业成长和个人发展。通过运用故事育人方法，辅导员不仅能够提升自己的教育技能，还能够增强与学生之间的情感联系，从而增强工作的满足感和成就感。在日常工作中，教育者对教育不是灌输与压制而是引导与启发的感悟越来越深刻。故事育人正是这样一种引导和启发的方式，它让辅导员在职业发展中不断追求更高的教育境界。故事育人的教育理念和方法，为辅导员的职业发展提供了广阔的空间和无限的可能性。

因此，故事育人方法应该进一步推广和应用，让它在辅导员的理论与实践工作中发挥更大的作用，为高职教育的未来发展注入新的活力。

## 第二节　故事育人的原则

辅导员故事育人的重要性不容忽视。辅导员不仅是学生日常学习和生活的指导者，更是他们成长道路上的引路人。辅导员在开展故事育人时，要能够引起学生的情感共鸣，形成行为指引，从而培育和践行社会主义核心价值观。为了达到这样的育人效果，辅导员在故事育人过程除了要贴近社会实际和学生的生活实际，还需要遵循一些基本的育人原则。

### 一、要以学生为本

以学生为本、关注个体差异是辅导员故事育人的核心原则之一。在辅导员故事育人的实践中，以学生为本、关注个体差异进行因材施教的个性化原则显得尤为重要。这一原则要求辅导员在选择育人故事时，还需要注意其针对性。不同年龄段、不同背景的学生可能对不同的故事产生不同的反应和解读。因此，辅导员需要根据学生的实际情况和需求，选择适合他们的故事，以达到最佳的教育效果。在讲述故事时，辅导员要充分考虑学生的年龄、性别、文化背景、兴趣爱好等个体差异，确保故事能够引起学生的兴趣和共鸣。例如，对于大一新生，可以讲述一些与大学生活适应、职业规划相关的故事；对于即将毕业的学生，则可以分享一些就业创业、人生规划的经验。同时，辅导员还需要关注不同学生的兴趣爱好，选择适合他们的故事题材和讲述方式，以更好地吸引他们的注意力。

为了更好地贯彻以学生为本、关注个体差异的原则，辅导员可以采用

SWOT 分析模型来评估每个学生的优势和劣势，以及面临的机会和威胁。通过这一模型，辅导员可以更加全面地了解每个学生的个体差异，从而为他们量身定制更加贴切的故事育人方案。例如，对于某些在社交方面存在困难的学生，辅导员可以讲述一些关于团队合作、沟通技巧的故事，帮助他们提升社交能力。

此外，关注个体差异还要求辅导员在故事育人过程中注重学生的反馈和参与度。辅导员可以通过问卷调查、小组讨论等方式收集学生对故事的反馈意见，了解他们对故事的喜好程度、理解程度以及从中获得的启示。同时，辅导员还可以鼓励学生积极参与故事的创作和讲述过程，让他们成为故事育人的主角和推动者。这样不仅可以提高学生的参与度和兴趣度，还有助于培养他们的创新思维和实践能力。

总之，通过充分考虑学生的个体差异，采用科学的分析模型以及注重学生的反馈和参与度，辅导员可以为学生量身定制更加贴切的个性化故事育人方案，促进他们的全面发展。

## 二、要贴近实际生活

在故事育人的实践中，要贴近生活实际，融入时代元素和反映时代特色。这种真实性不仅体现在故事的内容上，更体现在故事所传递的价值观、道德观上。例如，当辅导员讲述一个关于诚实守信的故事时，这个故事必须真实地反映了社会生活中诚实守信的重要性，以及诚实守信所带来的积极影响。所选取的育人故事必须是真实发生的，能够反映现实生活和社会现象，避免虚构和夸大。这样的故事才能引起学生的共鸣，激发他们的学习兴趣和探究欲望。这意味着辅导员在讲述故事时，需要紧密贴近学生的日常生活，反映他们所关心的话题和所处的时代背景。例如，近年来，随着科技的飞速发展，互联网、人工智能等新技术逐渐渗透到学生的日常生活中。辅导员可以围绕这些话题，讲述相关的故事，引导学生思考科技对社会的影响，以及如何在科技浪潮中保持自我。

以一位名叫李立的大学生为例，他热衷于人工智能领域，经常利用课余时间自学相关知识。辅导员了解到这一情况后，特意邀请李华分享他的学习经历和心得。李华讲述了自己如何通过在线课程的途径，逐步深入人工智能领域，并在实践中不断成长的经历。这个故事不仅激发了同学们对人工智能的兴趣，也让他们认识到，在科技时代，自主学习和持续进步的重要性。

真实性原则还要求辅导员在讲述故事时，注重反映时代精神。这意味着故事不仅要贴近学生的日常生活，还要能够体现当代社会的核心价值观和道德标准。例如，在当前社会，环保和可持续发展成为越来越重要的议题。辅导员可以讲述一些环保主题的故事，引导学生关注环境问题，培养他们的环保意识和责任感。

通过贴近学生生活、反映时代精神的故事育人实践，辅导员不仅能够更好地吸引学生的注意力，激发他们的学习兴趣，还能够有效地传递社会正能量，促进学生的全面发展。辅导员在故事育人中，讲述真实、贴近学生生活、反映时代精神的故事，正是为了引导学生走向更好的未来。

## 三、需蕴含教育意义

教育性原则是故事育人的核心，它要求辅导员在讲述故事时，不仅要注重故事的情节和吸引力，更要蕴含深刻的教育意义。这种教育意义不仅体现在道德、伦理、价值观等方面，还体现在知识、技能、思维等方面。通过故事育人，辅导员可以引导学生深入思考，激发他们的学习兴趣和动力，促进他们的全面发展。

例如在讲述历史人物的故事时，辅导员可以引导学生分析历史人物的性格特点、行为决策，以及历史背景等，从而让学生深入了解历史，认识到历史的复杂性和多样性。同时，辅导员还可以结合现代社会的实际情况，引导学生思考历史人物的故事对当今社会的启示和影响，从而培养学生的历史思维和社会责任感。

辅导员还可以通过讲述身边的真实故事，引导学生关注身边的人和事，培养他们的同理心和人文关怀。例如，讲述一位贫困学生通过勤奋学习和努力实践，最终实现自我价值和人生梦想的故事，可以激励其他学生积极面对生活中的困难和挑战，增强他们的自信心和勇气。

总之，教育性原则是故事育人的灵魂，它要求辅导员在讲述故事时，不仅要注重故事的情节和吸引力，更要注重故事所蕴含的教育意义。只有这样，才能真正实现故事育人的目标，促进学生的全面发展。

## 四、要注重思考与创新

启发性原则在育人故事的选择中占据着举足轻重的地位。它要求辅导员在挑选故事时，不仅要注重故事的真实性、多样性和针对性，更要关注其是否具有启发性和引导性，能否激发学生的思考，促使他们从中汲取智慧和力量。一个具有启发性的故事，往往能够触动学生的心灵，激发他们的求知欲和创造力，使他们在潜移默化中受到教育和影响。

以历史事件为例，辅导员可以选择那些充满智慧和勇气的故事，如岳飞精忠报国、林则徐禁烟等故事。这些故事不仅具有历史价值，更能够激发学生的爱国情感和责任感，促使他们思考如何在现代社会中发挥自己的作用。同样，从现实生活中发现的育人故事，如创业者的艰辛历程、科学家的探索精神等，也能够为学生提供宝贵的启示和借鉴。

文学作品中也不乏具有启发性的育人故事，辅导员可以根据育人实际进行运用。如《红楼梦》中贾宝玉和林黛玉的爱情悲剧，可以让学生思考人性的复杂和情感的珍贵；《西游记》中的孙悟空等角色的冒险历程，则可以激发学生的勇气和冒险精神。这些故事不仅能够丰富学生的情感体验，还能够培养他们的思辨能力和创造力。

在故事育人过程中，辅导员要关注育人故事的教育效果评估。通过收集学生的反馈意见、观察学生的行为变化等方式，辅导员可以了解育人故事的实际效果，以便及时调整和优化教育方案。同时，辅导员还可以借鉴其他领域的研究成果和实践经验，不断完善育人故事的选择与应用策略。

总之，启发性原则是育人故事选择与应用的核心原则之一。通过精心挑选和巧妙运用具有启发性的故事，辅导员可以让学生在生动有趣的情境中接受教育、感悟人生、启迪智慧。同时，辅导员还需要关注教育效果的评估和优化策略的制定，以确保育人故事能够发挥最大的教育价值。

## 五、要克服单一性

多样性原则在育人故事的选择中扮演着至关重要的角色。它要求辅导员在挑选故事时，不仅要注重故事的真实性和启发性，还要确保故事的多样性和丰富性。这意味着辅导员需要从多个角度、多个领域、多个文化背景中挑选故事，以满足不同学生的需求和兴趣。

在实际操作中，辅导员可以结合具体的教育目标和学生的实际情况，制定详细的选择标准和应用策略。例如，在历史教育中，辅导员可以选择那些能够反映民族精神和社会责任感的历史事件作为育人故事；在文学教育中，辅导员可以选取那些具有深刻内涵和艺术价值的文学作品作为育人故事的来源。这些故事不仅具有多样性，而且能够激发学生的兴趣和好奇心，使他们在故事中受到启发和教育。同时，辅导员还可以通过课堂讲解、小组讨论、角色扮演等多种形式，将育人故事融入日常教学中，让学生在轻松愉快的氛围中接受教育。

从文学作品中选取育人故事也是实现多样性原则的重要途径。文学作品中的故事往往具有丰富的人物形象、情节冲突和主题内涵，能够为学生提供更加深入的思考和体验。例如，莎士比亚的悲剧作品可以让学生领悟到人性的复杂性；而现代小说则可以让学生关注社会问题，思考人生意义。

总之，多样性原则在育人故事的选择中具有重要意义。通过从多个角度、多个领域、多个文化背景中挑选故事，并充分考虑学生的实际情况和需求，辅导员可以为学生提供更加丰富、多样、有针对性的教育体验。

## 六、要有针对性

育人故事的选择，尤其是针对性原则的应用，要求辅导员在选取故事时紧密结合教育目标和学生特点，充分考虑受教育者的年龄、文化背景、兴趣爱好等因素，确保故事能够引起他们的兴趣和共鸣。不同年龄段、不同性格特点的学生对故事的需求和兴趣也会有所不同。因此，在选择育人故事时，辅导员需要充分考虑学生的实际情况和需求，挑选出适合他们的故事。例如，对于青少年学生，辅导员可以选择那些富有冒险精神、充满正能量的故事，比如《哈利·波特》系列，通过主人公哈利与朋友们在魔法世界的冒险经历，激发青少年的想象力和探索精神。而对于成年人，则可以选择那些具有深刻内涵、引人深思的故事，例如《活着》这部小说，通过主人公福贵的人生经历，可以引导广大学生反思生活的意义和价值。

如果是以历史事件为例，辅导员可以选择那些能够体现民族精神、激发爱国情怀的故事，如抗日战争中的英雄事迹，这些故事能够针对性地培养学生的民族自豪感和责任感。同时，辅导员可以选择适宜学生理解的故事，如寓言故事、成语故事等，这些故事既有趣味性，又蕴含深刻的教育意义。

在现实生活中，辅导员也可以发现许多具有针对性的育人故事。比如，那些勤奋学习、克服困难的学生个人经历，能够激励其他学生积极面对学习和生活中的挑战。此外，辅导员还可以从文学作品中选取那些能够触动学生心灵的故事，如《钢铁是怎样炼成的》中的保尔·柯察金，通过学习他坚韧不拔和顽强拼搏的精神能够针对性地培养学生的意志品质。

当然，在选择育人故事时，辅导员还需要考虑学生的兴趣和需求。例如，对于喜欢科学的学生，辅导员可以选择那些涉及科学家探索未知、追求真理的故事，如爱因斯坦相对论的发现过程，这些故事能够针对性地培养学生的科学精神和探索欲望。

## 第三节　故事育人的运用

故事育人作为一种独特的教育方式，在促进学生全面发展方面发挥着不可替代的作用。通过讲述富有教育意义的故事，辅导员能够引导学生深入思考，激发他们的想象力和创造力，从而促进学生全面发展。如何巧妙地运用好故事育人，辅导员要对其相应的原则、方法、路径有一定的了解。

## 一、基本原则

### （一）生本化原则

在辅导员故事育人的实践中，以学生为本、关注个体差异的原则显得尤为重要。这一原则要求辅导员在讲述故事时，要充分考虑学生的年龄、性别、文化背景、兴趣爱好等个体差异，确保故事能够引起学生的兴趣和共鸣。通过充分考虑学生的个体差异、采用科学的分析模型以及注重学生的反馈和参与度，辅导员可以为学生量身定制更加贴切的故事育人方案，促进他们的全面发展。

### （二）真实性原则

在故事育人的实践中，真实性原则至关重要。这意味着辅导员在讲述故事时，需要紧密贴近学生的日常生活，反映他们所关心的话题和所处的时代背景。例如，近年来，随着科技的飞速发展，互联网、人工智能等新技术逐渐渗透到学生的日常生活中。辅导员可以围绕这些话题，讲述相关的故事，引导学生思考科技对社会的影响，以及如何在科技浪潮中保持自我。

真实性原则还要求辅导员在讲述故事时，注重反映时代精神，体现当代社会的核心价值观和道德标准。例如，在当前社会，环保和可持续发展成为越来越重要的议题。辅导员可以讲述一些环保主题的故事，引导学生关注环境问题，培养他们的环保意识和责任感。

辅导员在故事育人中，通过讲述真实、贴近学生生活、反映时代精神的故事，正是为了引导学生走向更好的未来。

### （三）教育性原则

教育性原则是故事育人的核心，它要求辅导员在讲述故事时，不仅要注重故事的情节和吸引力，更要蕴含深刻的教育意义。这种教育意义不仅体现在道德、伦理、价值观等方面，还体现在知识、技能、思维等方面。通过故事育人，辅导员可以引导学生深入思考，激发他们的学习兴趣和动力，促进他们的全面发展。

辅导员还可以通过讲述身边的真实故事，引导学生关注身边的人和事，培养他们的同理心和人文关怀。例如，讲述一位贫困学生通过勤奋学习和努力实践，最终实现自我价值和人生梦想的故事，可以激励其他学生积极面对生活中的困难和挑战，增强他们的自信心和勇气。

总之，教育性原则是故事育人的灵魂，它要求辅导员在讲述故事时，不仅要注重故事的情节和吸引力，更要注重故事所蕴含的教育意义。只有这样，才能真正实现故事育人的目标，促进学生的全面发展。

## 二、运用策略

### （一）挖掘与创作富有教育意义的故事

在挖掘与创作富有教育意义的故事时，辅导员需要深入学生内心，理解他们的需求和兴趣点。例如，通过调查研究发现，当代大学生普遍关注个人成长、职业发展和社会责任等方面的话题。因此，辅导员可以围绕这些主题，结合自身的经验和知识，创作一系列富有教育意义的故事。

以职业发展为例，辅导员可以讲述一个毕业生从校园走向社会的转变过程，以及他如何面对职场的挑战和机遇，最终实现自己的职业梦想。这个故事中可以穿插具体的案例和数据，如毕业生就业率、薪资水平等，以增强故事的说服力和可信度。同时，辅导员还可以结合自身的职业经历，分享一些实用的职场经验和建议，帮助学生更好地规划自己的职业生涯。

在创作过程中，辅导员还可以借鉴一些经典的教育模型，如柯尔伯格的道德发展六阶段模型，来引导学生思考道德和伦理问题。或者，讲述一个关于诚信的故事，通过不同角色的行为和选择，展示诚信在不同情境下的重要性和价值。这样的故事不仅能够引起学生的共鸣和思考，还能够培养他们的道德意识和责任感。

此外，辅导员还可以引用一些名人名言或经典语句来增强故事的教育意义。如乔布斯曾说：“你的时间有限，所以不要为别人而活。不要被教条所限，不要活在别人的观念里。不要让别人的意见左右自己内心的声音。最重要的是，勇敢地去追随自己的心灵和直觉，只有自己的心灵和直觉才知道你自己的真实想法，其他一切都是次要。”这样的引用不仅能够为故事增色添彩，还能够激发学生的共鸣和带来启发。

总之，挖掘与创作富有教育意义的故事是辅导员故事育人的重要环节。通过深入了解学生需求、结合自身经验和知识、借鉴教育模型和引用名人名言等方式，辅导员可以创作出既有趣又有教育意义的故事，为学生的全面发展提供有力的支持。

### （二）灵活运用多种讲述方式

在辅导员故事育人的实践中，灵活运用多种讲述方式显得尤为重要。传统的口头讲述虽然经典，但在现代教育中，辅导员可以结合多媒体手段，如PPT、视频、音频等，使故事更加生动、形象。例如，当讲述一个关于团队合作的故事时，辅导员可以先展示一组团队活动的照片，再配以相关的背景音乐，营造出团队合作的氛围。接着，通过PPT展示故事的核心内容，结合讲解员的生动叙述，让学生仿佛置身于故事之中。此外，辅导员还可以邀请学生参与到讲述中，如组织角色扮演、小组讨论等活动，让学生在亲身体验中感受故事的教育意义。

除了多媒体手段和学生参与讲述，辅导员还可以借鉴其他领域的讲述方式。比如，辅导员可以学习电影中的叙事手法，通过悬念、冲突、高潮等情节设置，使故事更加引人入胜。同时，辅导员也可以借鉴演讲技巧，如使用生动的比喻、引用名人名言等，增强故事的感染力和说服力。例如，当讲述一个关于坚持不懈的故事时，辅导员可以引用爱迪生的话：“天才就是百分之一的灵感加上百分之九十九的汗水。”这样的引用不仅使故事更具说服力，还能激发学生的思考和感悟。

此外，辅导员还可以适当结合现代科技手段，如虚拟现实、增强现实等，创新故事传播方式。这些技术可以让学生更加沉浸于故事之中，增强他们的参与感和体验感。例如，当讲述一个关于历史事件的故事时，辅导员可以利用虚拟现实技术，让学生仿佛穿越时空，亲身感受历史的震撼和魅力。这样的讲述方式不仅能激发学生的学习兴趣，还能加深他们对历史的理解和认识。

### （三）结合现代科技手段，创新故事传播方式

在现代科技手段的支持下，辅导员在故事传播方式上有了更多的创新空间。例如，利用虚拟现实（VR）技术，辅导员可以为学生创造一个沉浸式的故事体验环境。通过 VR 设备，学生可以身临其境地感受故事中的场景和人物，从而更加深入地理解故事所蕴含的教育意义。实践证明，使用 VR 技术进行故事教育的学生，其参与度和理解程度均显著高于传统教育方式。此外，辅导员还可以利用社交媒体平台，如微博、微信等，将故事以图文、视频等多种形式进行传播。这些平台具有传播速度快、覆盖面广的特点，可以迅速将故事传达给更多的学生。同时，通过在线互动功能，辅导员还可以及时收集学生的反馈意见，对故事内容和传播方式进行优化调整。

创新故事传播方式不仅提高了教育的趣味性和吸引力，还有助于培养学生的自主学习能力和批判性思维。例如，辅导员可以引导学生利用互联网资源，自主寻找和整理与故事相关的素材，进行创作和分享。这种方式不仅让学生成为故事传播的参与者，还让他们在实践中学会了如何获取信息、如何分析和评价信息。通过创新故事传播方式，辅导员可以更好地引导学生主动探索、积极思考，从而实现教育的真正目的。

现代科技手段还为辅导员提供了更多的数据分析工具，以便更好地评估故事育人的效果。例如，通过对学生在线互动数据的分析，辅导员可以了解学生对故事的喜好程度、理解程度以及参与度等信息。这些数据可以为辅导员调整故事内容和传播方式提供科学依据，从而进一步提高故事育人的针对性和实效性。

## 三、运用路径

### （一）在课堂教学中巧用育人故事

在课堂教学中，育人故事的应用具有显著的教育价值。通过引入真实、

生动的故事，教师可以有效地激发学生的学习兴趣，提升他们的课堂参与度。例如，在历史课上，教师可以讲述历史上的英雄人物和他们的伟大事迹，如居里夫人发现镭的艰辛过程，这不仅能让学生了解科学知识的产生背景，还能培养他们的科学精神和探索勇气。在数学课上，通过讲述数学家高斯的故事，如他如何在年幼时解决了数学难题，可以激发学生的数学兴趣，培养他们的逻辑思维和解决问题的能力。

育人故事的应用还能帮助学生更好地理解抽象的概念和理论。通过具体的故事情节，学生可以将理论与实际相结合，加深对知识的理解。此外，育人故事的应用还有助于培养学生的正确的价值观。通过讲述那些充满正能量和感人至深的故事，教师可以引导学生形成积极向上的人生态度和正确的价值观。例如，在语文课上，通过讲述雷锋的故事，教师可以培养学生的社会责任感和奉献精神。

然而，育人故事的应用也面临一些挑战。首先，教师需要精心挑选适合学生的故事，确保故事的内容与教学目标相契合。其次，教师需要灵活运用故事，将其与课堂教学内容有机结合，避免故事与教学内容脱节。最后，教师还需要关注学生的反应和反馈，及时调整教学策略，确保育人故事的应用能够达到最佳效果。

综上所述，课堂教学中的育人故事应用是一种有效的教育方法。通过引入真实、生动的故事，教师可以激发学生的学习兴趣，提升他们的课堂参与度，帮助他们更好地理解抽象的概念和理论，并培养他们的价值观。然而，在应用育人故事时，教师也需要注意挑选适合学生的故事，并将其与课堂教学内容有机结合，以确保教育效果的最大化。

### （二）在课外活动中开展故事育人实践

课外活动作为学校教育的重要补充，为学生提供了广阔的实践平台。在这个平台上，育人故事实践成为一种有效的教育方式。通过课外活动，学生可以在实践中体验育人故事，从而更深入地理解故事背后的教育意义。

以环保主题的课外活动为例，辅导员可以组织学生参与环保志愿者活动，如守护江河、植树造林、保护动物等。辅导员在组织志愿者活动前可以登录由中央宣传部、中央文明办主办的中国文明网，结合活动主题选择一些针对性较强的志愿者故事作为育人素材。比如，曾经获得全国“最美民间河湖卫士”“湖南省最美志愿者”等荣誉的刘惟炳的感人故事，就是辅导员在课外活动中开展故事育人的理想素材。刘惟炳是湖南省邵阳市新宁县人民法院的一名退休干部。工作期间，他热心公益，发起成立县环保协会，积极组织开展环保志愿服务。退休后，他热度不减，一如既往地坚持护水护鸟。几十年来他一直奋斗在环保公益路上，从青丝到白发，从壮年到古稀，他以满腔热情投身环保公益事业，成为绿水青山的守护者。在课外活动中，辅导员通过向大学生讲述刘惟炳等一批可歌可泣的志愿者的故事，让学生在正能量故事的感染下不仅能更加积极地参加各类志愿者活动，还能切实感悟环保的意义重大与使命艰巨。这样的育人故事实践不仅让学生学到了相关知识，更让他们形成了正确的价值观。

辅导员在课外活动中为了取得故事育人的理想效果，除了直接向学生讲述一些针对性、教育性和感染力强的具体故事外，还可以借助一些具体的教育模型。例如，辅导员可以运用情境教育模型，通过模拟真实的育人故事情境，让学生置身其中切身体验和学习。以创新创业实践活动为例，辅导员可以指导学生分组创办自己的小型企业，让学生感受模拟商业运营的真实情境，提升学习团队合作和创新思维等能力。这样的育人故事实践不仅培养了学生的实践能力，还让他们在实践中学会了如何面对挑战和解决问题。

正如著名教育家陶行知先生所说：“教育只有通过生活才能产生作用并真正成为教育。”课外活动中的育人故事实践正是将教育与生活紧密结合的典范。通过实践活动，学生能够在亲身体验中感受到教育的力量，从而更加珍惜和重视所学到的知识和技能。

综上所述，课外活动中的育人故事实践是一种富有成效的教育方式。通过实践活动，学生可以在亲身体验中感受教育的力量，从而更加深入地理解故事背后的教育意义。这种教育方式不仅培养了学生的实践能力，还让他们在实践中形成了正确的价值观。

### （三）在社会实践中注重故事育人体验

著名教育家陶行知先生曾提出“生活即教育”的理念，强调教育应与生活实践相结合。社会实践中的故事育人体验正是这一理念的生动体现。通过实践中的亲身体验和感悟，学生们能够更深入地理解知识、培养能力、塑造品格，实现全面发展。

故事育人体验是一种独特而有效的教育方式。它让学生走出课堂，深入社会，通过亲身参与和体验，感受故事背后的深刻内涵和育人价值。这种体验式的教育方式，不仅增强了学生的实践能力，还培养了他们的社会责任感和同理心。比如在大学生暑期“三下乡”社会实践活动中，有些学生会因遇到各种各样的困难和与挫折而感到气馁。为了帮助大家及时克服困难，辅导员可结合既定的情境给学生讲述一些大学生“三下乡”的感人故事。在各类故事的感染与熏陶下，大学生心底的热情将被点燃，从而能促使其发挥主观能动性克服实践活动中的各种艰难困苦，以昂扬的斗志参与到每一天的“三下乡”社会实践活动中。

社会实践中的育人故事体验还常常与社区服务和志愿者活动紧密相结合。辅导员带领大学生参与社区建设、关爱弱势群体等活动时，可以通过讲述能引起情感共鸣的故事来引导学生积极参与相应活动。比如，北京的一名公益理发师孙凯，作为一名 80 后的年轻人，他发挥自己理发师的职业优势，多年来致力于义务理发志愿服务和技能培训，服务群众 3 万多人次，“传帮带教”志愿者掌握理发技能 500 多人，个人累计志愿服务时长 8000 余小时，捐助和帮扶资金 60 余万元。他还曾获第六届中国青年志愿服务项目大赛金奖、全国学雷锋志愿服务“四个 100”最美志愿者等荣誉。广大学生在这些激人奋进的故事的感召下，不仅能强化学好自己专业的信念，还能引导其自觉关注社会民生，更能培养关爱他人、奉献社会的精神。

综上所述，社会实践中的育人故事体验是一种富有成效的教育方式。它通过让学生亲身参与和体验，将教育融入生活，培养了学生的实践能力、社会责任感和同理心。这种教育方式不仅有助于学生的个人成长，也为社会的和谐发展注入了正能量。

## 四、故事育人的效果评估与反思

### （一）学生反馈与参与度分析

在评估辅导员故事育人的效果时，学生反馈与参与度分析是一项至关重要的指标。通过收集学生的反馈意见和参与度的数据，辅导员可以深入了解故事育人的实际效果，从而进一步优化教育策略。学生表示辅导员讲述的故事能让他们产生强烈的共鸣，认为这些故事不仅有趣，而且富有教育意义。同时学生对辅导员组织的各项活动的参与度也会显著提高，例如在课堂讨论中，学生们积极发言，分享自己的见解和感受。这些都能表明故事育人方法在促进学生参与和共鸣方面的积极作用。

进一步分析学生反馈和参与度的数据，辅导员可以发现一些有趣的趋势。例如，学生们更倾向于听那些与他们生活紧密相关、具有时代感的故事。这提示辅导员在创作和讲述故事时，需要更加注重贴近学生的生活实际，反映时代的精神风貌。此外，学生们对于故事中的教育意义也给予了高度评价，认为这些故事不仅让他们获得了知识，更让他们学会了如何做人、如何面对生活中的挑战。这再次印证了故事育人方法在促进学生全面发展方面的重要作用。

然而，辅导员也需要注意到并非所有的故事都能得到学生的积极反馈。有时候，学生可能对某些故事的情节或主题不感兴趣，或者认为故事与他们的生活实际相去甚远。这提醒辅导员在实施故事育人方法时，需要充分考虑学生的个体差异和兴趣爱好，尽可能地提供多样化的故事内容和讲述方式。同时，辅导员也需要不断反思和改进自己的教育方法，以更好地满足学生的需求和期望。

总之，学生反馈与参与度分析是评估辅导员故事育人效果的重要手段。通过深入分析相关数据，辅导员可以更好地了解学生的需求和期望，进一步优化教育策略。同时，辅导员也需要保持开放的心态和反思的精神，不断学习和探索新的教育方法，以更好地促进学生的全面发展。

### （二）教育效果的长远影响

故事育人作为一种独特的教育方式，其长远影响不容忽视。辅导员通过讲述富有教育意义的故事，能对学生的情感、认知和行为产生深远影响。这种影响不仅体现在学生当前的成长中，更会在他们未来的生活和职业发展中持续发挥作用。

在教育效果的长远影响方面，故事育人具有显著的优势。通过故事育人方式培养的学生，在情感智商、批判性思维和创新能力等方面表现更为出色。这些能力在未来的生活和工作中至关重要，能够帮助他们更好地应对挑战和解决问题。以一位成功的企业家为例，他在大学期间曾深受辅导员讲述的创业故事启发，这些故事不仅激发了他的创业热情，还为他提供了宝贵的经验和教训。在后来的创业过程中，他能够运用这些经验和教训，成功应对各种挑战，最终取得了巨大的成功。这个例子充分说明了故事育人对学生长远发展的积极影响。

此外，故事育人还有助于培养学生的价值观和道德观念。通过讲述具有教育意义的故事，辅导员可以引导学生思考人生、价值观和道德等问题。这些故事往往蕴含着深刻的道理和人生智慧，能够触动学生的内心，促使他们形成正确的价值观和道德观念。这些价值观和道德观念将伴随学生一生，成为他们行为的准则和指南。

故事育人对学生的长远发展具有深远的影响。通过培养学生的情感智商、批判性思维和创新能力等方面的能力，以及塑造正确的价值观和道德观念，故事育人为学生的未来发展奠定了坚实的基础。因此，辅导员应该高度重视故事育人这种独特的教育方式，充分发挥其在学生成长中的重要作用。

### （三）提升故事育人效果的对策

在实践故事育人的过程中，辅导员不可避免地会遇到一些问题和挑战。其中，如何平衡故事的吸引力和教育性是一个关键问题。有时，过于强调教育性可能导致故事变得枯燥乏味，而过于追求吸引力又可能削弱故事的教育价值。为了解决这个问题，辅导员可以采用“情感-认知双轨模型”来评估故事的效果。该模型强调故事既要触动学生的情感，又要引发他们的认知思考。例如，在讲述一个关于团队合作的故事时，辅导员不仅让学生感受到团队精神的温暖和力量，还引导他们分析团队合作的重要性和技巧。通过这种方式，辅导员可以成功地平衡故事的吸引力和教育性，取得良好的教育效果。

另一个常见的问题是故事与学生实际生活的脱节。为了解决这个问题，辅导员要注重从学生的日常生活和兴趣出发，挖掘与广大学生息息相关的故事资源。例如，辅导员可以邀请学生分享自己的成长经历、学习心得和兴趣爱好，然后将这些真实的故事融入教育活动中。这样，学生不仅能够从中找到共鸣，还能更加深入地理解和接受故事所蕴含的教育意义。

综上所述，故事育人虽然具有诸多优势，但在实践过程中也会遇到一些问题和挑战。通过采用科学的方法和策略，辅导员能够有效地解决这些问题，提高故事育人的效果和质量。因此，辅导员应该不断探索和创新故事育人的方法和策略，为学生的全面发展贡献更多的智慧和力量。

## 五、运用故事育人的未来发展趋势与展望

### （一）专业化培养

随着高等教育的发展，辅导员作为大学生思想政治教育的重要力量，其故事育人能力的专业化培养显得尤为重要。这种能力的培养不仅关系到辅导员自身的职业发展，更直接关系到大学生思想政治教育的质量和效果。

首先，辅导员故事育人能力的专业化培养需要建立在对学生的深入了解之上。通过数据分析，辅导员可以发现，不同年级、不同专业的学生对于故事的需求和接受度存在差异。因此，辅导员需要掌握一定的数据分析技能，以便更好地针对不同学生群体进行故事创作和讲述。

其次，辅导员需要具备一定的故事创作和讲述技巧。这包括如何挖掘和创作富有教育意义的故事，如何灵活运用多种讲述方式，以及如何结合现代

科技手段创新故事传播方式等。通过案例分析，辅导员可以发现，一些优秀的辅导员在故事育人方面往往能够运用多种技巧，使故事更加生动、有趣，从而更好地吸引学生的注意力，引起兴趣。

再次，辅导员还需要具备一定的反思和总结能力。在实践过程中，辅导员需要不断反思和总结自己的故事育人经验，以便更好地发现问题、解决问题，并不断提高自己的故事育人能力。

最后，为了促进辅导员故事育人能力的专业化，高校可以开展相关的培训课程和研讨活动，为辅导员提供学习和交流的平台。同时，还可以建立相应的评估机制，对辅导员的故事育人能力进行定期评估和指导，以推动能力的不断提高。

综上所述，辅导员故事育人能力的专业化培养是一项长期而艰巨的任务。只有通过不断的学习和实践，辅导员才能不断提高自己的故事育人能力，为大学生的思想政治教育贡献更多的力量。

### （二）丰富与共享资源

随着辅导员故事育人工作的深入发展，故事育人资源的丰富与共享显得愈发重要。在数字化时代，辅导员可以利用互联网平台，将各种形式的故事资源进行整合和分享。例如，可以建立辅导员故事资源库，将优秀的辅导员故事、教育案例、视频资料等集中存储，供广大辅导员参考和学习。这样不仅可以避免资源的浪费和重复劳动，还能促进辅导员之间的交流与合作。

通过共享故事育人资源，辅导员的工作效率可以得到显著提升。学校可以建立辅导员故事资源共享平台，等平台上线后辅导员可以上传自己的故事和工作案例，同时也能够从平台上获取其他辅导员的优质资源。经过一段时间的运营，预计辅导员的工作满意度和学生评价都会有明显的提高。故事育人资源的丰富与共享还有助于提升辅导员的专业素养。通过学习和借鉴其他辅导员的成功经验，辅导员可以不断完善自己的故事育人技巧和方法，提高教育效果。通过资源的共享，辅导员之间可以相互启发，共同探索故事育人的新路径。

### （三）拓展广度和深度

在拓展故事育人的广度和深度方面，跨学科合作显得尤为重要。例如，心理学与文学的结合，可以为辅导员提供丰富的故事素材，这些故事不仅引人入胜，更能深入学生的内心世界。通过心理学原理，辅导员可以分析故事中的角色行为、情感变化，从而引导学生理解自我、认识他人，提升人际交往能力。通过引入历史典故，辅导员可以让学生从更宽广的时间维度理解社会变迁，培养学生的历史责任感和使命感。跨学科合作不仅丰富了故事育人的内容，还提高了其教育价值。未来，随着学科交叉融合的深入发展，故事育人将展现出更加广阔的前景。

跨学科合作也为辅导员提供了更多的教育工具和手段。例如，利用数据分析技术，辅导员可以对学生在故事育人过程中的参与度、反馈等进行量化分析，从而更准确地评估教育效果。此外，结合多媒体技术和虚拟现实技术，辅导员可以为学生创造更加沉浸式的故事体验，提高学生的学习兴趣和参与度。

总之，跨学科合作是拓展故事育人广度和深度的重要途径。通过整合不同学科的知识和资源，辅导员可以为学生提供更加丰富、多元的教育体验，促进学生的全面发展。未来，随着跨学科合作的不断深入，故事育人将在高校教育中发挥更加重要的作用。

# 第二章　育人故事

## 第一节　育人故事的选取

育人故事在教育中的理论与实践作用不容忽视。它们不仅是知识的载体，更是情感、态度和价值观的传递工具。生动有趣的育人故事可以让学生在轻松愉快的氛围中受到深刻的教育，激发他们的学习兴趣和创造力，培养他们的社会责任感和公民意识。辅导员应该充分重视育人故事在教育中的作用，不断创新教育方式方法，注重选择合适的育人故事为学生的全面发展提供有力的支持。

### 一、育人故事的选取原则

#### （一）真实性

选择育人故事的核心原则之一是真实性。它强调所选取的育人故事必须是真实发生的，能够反映现实生活和社会现象，其事实真相避免虚构和夸大。这样的故事才能引起学生的共鸣，激发他们的学习兴趣和探究欲望。辅导员可以选取一些历史上的真实事件，如抗日战争中的英雄事迹、改革开放时期的创业故事等，这些故事不仅具有历史价值，还能够让学生感受到国家和民族的发展历程，增强他们的民族自豪感和历史责任感。

辅导员在选择育人故事时遵循真实性原则，还要注重相关数据的准确性和案例的真实性。比如，在向学生阐述“绿水青山就是金山银山”的理念时，辅导员可以结合环境污染的现状引用一些真实的环境污染数据和治理成果，让学生深刻认识到环保的重要性，从而树立绿色、环保的发展理念。在分享创业故事时，辅导员可以邀请一些成功的创业者来分享他们的真实经历，让学生感受到创业的艰辛和收获。

真实性原则也提醒辅导员在育人故事的选择中要尊重名人和历史人物的真实形象和言论。在大学生思想政治教育和行为引导中，辅导员不能为了迎合学生的口味而故意歪曲或夸大育人故事里的形象和言论，这样势必会影响大学生对他们的信任度和认同感。辅导员应该以真实、客观的态度来呈现这些名人和历史人物的故事和言论，让学生从中汲取智慧和力量，从而培育积极健康的价值观。

### （二）启发性

启发性原则在育人故事的选择中占据着举足轻重的地位。它要求辅导员在挑选故事时，不仅要注重故事的真实性，更要关注其是否具有启发性和引导性，能否激发学生的思考，促使他们内化于心、外化于行。通过选择具有启发性的故事，可以激发学生的思考，培养他们的创造力，提升他们的情感素养。这不仅有助于学生的个人成长和发展，也有助于培养具有社会责任感和创新精神的新一代。

辅导员所选择的育人故事不仅要能够丰富学生的情感体验，还要能够培养他们将来立足社会所需要的思辨能力和创造力。例如，在众多历史题材的育人故事中，辅导员可以选择那些充满智慧和勇气的故事，如岳飞精忠报国、林则徐禁烟等来对学生进行思想政治教育和价值观引领。因为这些故事不仅具有历史价值，更能够激发学生的爱国情感和责任感，促使他们思考如何在现代社会中发挥自己的作用，实现各自的人生价值。同样，也可从现实生活中发现和搜集一些育人故事，比如创业者的艰辛历程、科学家的探索精神等，为学生的创新创业和成长成才提供宝贵的启示和借鉴。育人故事的选择与应用正是这一理念的生动体现。

通过精心挑选和巧妙运用具有启发性的故事，辅导员可以让学生在生动有趣的情境中接受教育、感悟人生、启迪智慧。同时，辅导员还需要关注教育效果的评估和优化策略的制定，以确保育人故事能够发挥最大的教育价值。

### （三）多样性

多样性也是在选择育人故事时要着重考量的。它要求辅导员在挑选故事时，不仅要注重故事的真实性和启发性，还要确保故事的多样性和丰富性。这意味着辅导员需要从多个角度、多个领域、多个文化背景中挑选故事，以满足不同学生的需求和兴趣。比如在中国故事这个大框架里，辅导员可以根据育人之需选取诸如革命故事、建设故事、创业故事、改革故事、励志故事、校史故事、校友故事、老师故事、父母故事等，尽可能以丰富多样的故事来开展工作。

以历史故事为例，辅导员可以选择从各个时期、各个国家、各个文化背景下的历史事件中挖掘育人故事。这些故事不仅具有多样性，而且能够激发学生的兴趣和好奇心，使他们在故事中受到启发和教育。

总之，多样性原则在育人故事的选择中具有重要意义。通过从多个角度、多个领域、多个文化背景中挑选故事，并充分考虑学生的实际情况和需求，辅导员可以为学生提供更加丰富、多样、有针对性的教育体验。

### （四）针对性

在选择育人故事时还要考虑针对性原则，辅导员要紧密结合教育目标和学生特点。不同年龄段、不同性格特点的学生对故事的需求和兴趣也会有所不同。因此，在选择育人故事时，辅导员需要充分考虑学生的实际情况和需求，挑选出适合他们的故事。

同样是选择历史题材的故事，为了有针对性地培养学生的民族自豪感和责任感，辅导员可以选择诸如历代民族英雄的光辉事迹，因为它们能够体现民族精神，激发爱国情怀。当然，针对学生所处的不同时段和关键节点，辅导员为了阐明某个原理或培植某种情感，在实际工作中可以选择适合学生的相应故事，比如寓言故事、成语故事等，这些故事既有趣味性，又蕴含深刻的教育意义，能够让学生比较容易产生情感共鸣，从而自觉指导自己的言行。

通过选择适合学生理解、能够触动学生心灵的故事，辅导员才能够更有效地实现教育目标，促进学生的全面发展。

### （五）时代性

时代性原则是辅导员在选择育人故事时必须遵守的一条原则。当前，正处于一个信息爆炸、价值观多元的时代，青年学生面临着前所未有的挑战和机遇。他们不仅需要掌握扎实的专业知识，还需要具备独立思考、创新实践、团队协作等综合能力。因此，辅导员不仅要具备丰富的育人经验和深厚的理论素养，还要具备敏锐的时代洞察力和创新精神，能够根据学生的实际需求和社会的发展趋势，不断调整和优化育人策略。

辅导员在选择育人故事时，应当紧密结合当前社会的时代背景，使故事具有鲜明的时代特征。这样的故事不仅能够引起学生的共鸣，还能帮助他们更好地理解和适应现代社会。例如，在育人工作中，辅导员可以讲述一些与科技创新、创业发展相关的育人故事，以激发学生的创新精神和创业意识。这些故事可以涉及最新的科技进展、成功的创业案例等，让学生感受到时代的脉搏和发展的机遇。同时，时代性原则还要求辅导员在育人故事中融入社会主义核心价值观，引导学生树立正确的世界观、人生观和价值观。通过讲述一些体现社会正能量、弘扬主旋律的育人故事，可以帮助学生增强社会责任感和使命感，为社会的繁荣和发展贡献自己的力量。

### （六）人民性

人民性作为教育工作的核心指导原则，强调教育应服务于人民的根本利益，体现人民的意志和愿望。在教育实践中，人民性原则要求辅导员在故事育人过程中所选择的育人故事不仅要传递知识，更要传递价值观，引导学生形成正确的世界观、人生观和价值观。

在教育领域，人民性原则的内涵十分丰富。它要求教育内容要贴近人民的生活实际，反映人民的需求和利益。在讲述历史故事时，辅导员可以选取那些反映人民英勇奋斗、为国家富强和民族振兴作出贡献的案例，如抗日战争中的英雄事迹，这些故事能够激发学生的爱国热情和民族自豪感。人民性原则还强调教育的公平性和普及性。这意味着辅导员在故事育人时，要关注不同学生的背景和需求，确保每个学生都能获得平等的教育机会。在讲述现代科技发展的故事时，辅导员可以结合具体案例，分析科技如何改变人民的生活，以及科技发展的不均衡问题，引导学生思考如何通过自己的努力，为科技的普及和发展做出贡献。

另外，人民性原则还注重教育的实践性和创新性。辅导员在故事育人过程中，应鼓励学生积极参与实践活动，通过亲身体验来加深对知识的理解。例如在讲述环保故事时，辅导员可以组织学生参与环保志愿活动，让学生在实践中感受环保的重要性，从而培养学生的环保意识和实践能力。

## 二、育人故事的来源

### （一）从历史事件中挖掘

在挖掘历史事件中的育人故事时，辅导员不仅要关注故事的情节和人物，更要深入剖析其背后的教育意义。以中国古代的“孟母三迁”故事为例，孟母为了给孟子创造一个良好的学习环境，三次搬家，尽管面临种种困难，但她始终坚守着对儿子教育的执着追求。这个故事不仅展现了母爱的伟大，更传递了一个深刻的教育理念：环境对于一个人的成长至关重要。

同时，这个故事也强调了家长在教育孩子过程中的重要作用，提醒家长要关注孩子的成长环境，为他们创造一个有利于学习和发展的空间。当辅导员在处理学生因宿舍、人际等因素而产生的各类困惑与问题时，“孟母三迁”就可以作为一个生动的育人故事，引导学生认识到环境对个人成长的影响，并激发他们主动适应和改变环境的意识。

在日常育人工作中，辅导员还可以从近现代史以及当代社会中挖掘育人故事。例如，我国著名科学家钱学森的成长经历就是一个很好的例子。钱学森在童年时期就展现出了对科学的浓厚兴趣，他的父母非常支持他的爱好，并为他提供了良好的学习条件。这种家庭的支持和引导为钱学森日后成为杰出科学家打下了坚实的基础。

总之，从历史事件中挖掘育人故事是一种有效的教育方法。通过深入剖析故事背后的教育意义和运用适当的分析工具，辅导员可以将这些故事转化为生动的教育案例，引导学生和家长认识到教育的重要性并付诸实践。同时，这种教育方法也有助于传承和弘扬中华优秀传统文化中的教育智慧。

### （二）从现实生活中选取

在现实生活中，育人故事往往隐藏在日常的点滴之中，它们以真实、生动的方式传递着深刻的道理和人生智慧。这些故事不仅丰富了我们的情感体验，更在潜移默化中塑造着我们的价值观和行为习惯。例如，辅导员可以从校园中一位坚持每天早起晨跑的青少年身上，看到一个关于自律和毅力的故事。这位青少年通过日复一日的坚持，不仅锻炼了自己的身体，更培养了坚韧不拔的精神。他的故事告诉我们，只有持之以恒地追求目标，才能最终实现自己的梦想。

辅导员还可以从社区志愿者活动中发现育人故事。许多年轻人利用业余时间参与社区服务，帮助老人、关爱儿童，他们的行动传递着爱心和责任感。这些故事告诉辅导员，作为社会的一员，辅导员应该积极贡献自己的力量，为社会的和谐与进步作出贡献。正如美国前总统肯尼迪所说："不要问你的国家能为你做什么，而要问你能为你的国家做什么。"

在现实生活中，辅导员还可以从创业者的经历中汲取育人故事灵感。许多创业者经历了无数次的失败和挫折，但他们从未放弃，最终取得了成功。他们的故事告诉辅导员，成功并非一蹴而就，而是需要经历无数次的尝试和努力。正如乔布斯曾说："你的时间有限，所以不要为别人而活。不要被教条所限，不要活在别人的观念里。不要让别人的意见左右自己内心的声音。最重要的是，勇敢地去追随自己的心灵和直觉，只有自己的心灵和直觉才知道你自己的真实想法，其他一切都是次要。”

因此，辅导员应该积极从现实生活中发现育人故事，让它们在教育中发挥更大的作用。这需要辅导员保持敏锐的观察力和深入的思考能力，善于从日常生活中捕捉那些具有教育意义的瞬间和场景。同时，辅导员还需要不断探索和创新育人故事的选择方法和路径，让更多的学生从中受益。

### （三）从文学作品中摘取

从文学作品中选取育人故事，是一种富有启发性和感染力的教育方式。文学作品往往蕴含着丰富的人生哲理和情感体验，通过深入挖掘其中的育人故事，可以为学生提供更加生动、具体的学习材料。例如，在经典小说《红楼梦》中，贾宝玉的成长历程就是一个典型的育人故事。他从一个天真无邪、任性妄为的少年，逐渐经历了家族的兴衰、爱情的悲欢，最终成长为一个有担当、有责任感的成熟男子。这个故事不仅展示了人性的复杂性和多样性，也传递了关于成长、责任、爱情等方面的深刻启示。

从文学作品中选取育人故事还可以帮助学生培养阅读兴趣和文学素养。通过阅读经典文学作品，学生可以接触到不同的文化、历史和社会背景，拓宽自己的视野和知识面。同时，通过对育人故事的深入分析和讨论，学生可以锻炼自己的思维能力和表达能力，提高自己的综合素质。从文学作品中选取育人故事也需要注意一些问题。首先，要选取适合学生年龄和认知水平的文学作品，避免过于复杂或深奥的内容。其次，要深入挖掘作品中的育人元素，引导学生从多个角度进行思考和讨论。最后，要注重故事的启发性和感染力，让学生在阅读过程中产生情感共鸣。

综上所述，从文学作品中选取育人故事是一种富有启发性和感染力的教育方式。通过深入挖掘作品中的育人元素，可以为学生提供更加生动、具体的学习材料，帮助他们培养阅读兴趣和文学素养，提高综合素质。同时，也需要注意选取适合学生年龄和认知水平的文学作品，并注重故事的启发性和感染力。

### （四）从学生身边提炼

从学生经历中提炼育人故事，是一种富有启发性和实效性的教育方法。这些故事往往贴近学生的生活，容易引起共鸣，从而激发他们的学习兴趣和积极性。辅导员可以从一位学生的创业经历中提炼出坚持和勇气的故事。这位学生在大学期间就开始了自己的创业之路，面对种种困难和挑战，他从未放弃，最终取得了成功。这个故事不仅可以让学生感受到创业的艰辛与乐趣，还可以激发他们勇敢面对困难的决心和勇气。

从学生经历中提炼育人故事还可以帮助学生建立正确的价值观和人生观。辅导员可以从一位学生的志愿服务经历中提炼出奉献和爱的故事。比如提炼学生利用课余时间积极参与志愿服务活动，帮助他人、传递爱心的故事。这个故事可以让学生感受到奉献的快乐和意义，从而培养他们的社会责任感和爱心。

为了更有效地从学生经历中提炼育人故事，辅导员可以采用案例分析的方法。首先，收集学生的典型经历，包括成功和失败的案例；其次，分析这些案例中的教育元素和价值观念；最后，将这些故事以恰当的方式呈现给学生，引导他们进行深入思考和讨论。

从学生经历中提炼育人故事，正是将教育与生活紧密结合的一种体现。这种教育方法不仅能够激发学生的学习兴趣和积极性，还能帮助他们建立正确的价值观和人生观，为他们的全面发展奠定坚实的基础。

## 三、应用的挑战与前景

### （一）育人故事应用的挑战

育人故事的应用在教育实践中面临着多方面的挑战。首先，如何确保故事的真实性和启发性是一大难题。真实的故事能够触动学生的心灵，但如何筛选和呈现这些故事，使其既具有教育意义又能够引起学生的兴趣，是一项艰巨的任务。育人故事的选择与应用还需要考虑学生的年龄和认知水平。不同年龄段的学生对故事的理解和接受程度有所不同，因此，辅导员需要根据学生的实际情况，选择适合他们的故事，并采用恰当的方式进行呈现。

此外，随着社会的快速发展，学生的价值观和兴趣也在不断变化，如何使育人故事与时俱进，满足学生的需求，也是教育者需要面对的挑战。以历史事件为例，虽然历史中蕴含着丰富的育人故事，但如何将这些故事与现代教育相结合，使其既有历史深度又具有现实意义，是一个值得探讨的问题。同时，现实生活中的育人故事虽然贴近学生生活，但如何从中提炼出具有普遍教育意义的故事，也是一项具有挑战性的工作。

面对这些挑战，辅导员可以借鉴一些成功的案例和分析模型，通过引入“故事圈”的概念，将故事的选择、呈现和反思相结合，形成了一个完整的教育过程。这种方法不仅提高了学生的参与度，还使他们在故事中获得了深刻的启示。

在应用育人故事时，只要辅导员不断探索和创新，结合学生的实际情况，选择适合他们的故事，将其使用在教育实践中，并采用恰当的方式进行呈现，就能够充分发挥育人故事的教育作用，促进学生的全面发展。

### （二）育人故事应用的展望

随着教育理念的进步和科技的发展，育人故事的应用前景愈发广阔。在数字化时代，辅导员可以利用大数据和人工智能等技术，对育人故事进行深度挖掘和精准推送，使每个学生都能获得符合其成长需求的个性化故事教育。例如，通过分析学生的学习行为和兴趣爱好，智能教育平台可以为学生推荐相应的育人故事，从而增强学生的学习兴趣和动力。

此外，跨学科融合也为育人故事的选择与应用提供了更多可能性。通过将育人故事与科学、艺术、社会等多个领域相结合，辅导员可以为学生创造出更加丰富多元的教育体验。例如，在科学教育中，可以通过讲述科学家的成长故事来培养学生的科学精神和探究能力；在艺术教育中，可以通过分析艺术作品背后的故事来提升学生的审美能力和创造力。

值得一提的是，全球化趋势也为育人故事的选择与应用带来了国际视野。辅导员可以借鉴不同文化背景下的育人故事，让学生从中领略到多元文化的魅力，培养其国际视野和跨文化交流能力。例如，通过引入世界各地的民间故事、历史人物传记等，辅导员可以让学生在故事中感受到不同文化的价值观和生活方式。

## 第二节　育人故事的创作

故事育人不仅仅是一种传递知识的手段，更是塑造人格、培养品德的重要途径。在教育工作中，通过创作生动真实的育人故事，使学生能够在情感上产生共鸣，从而更深入地理解和接受故事中所蕴含的教育意义，更能激发学生的兴趣和主动性，使他们在愉悦的氛围中自然而然地成长。正如孔子所说："知之者不如好之者，好之者不如乐之者。"育人故事通过其情节和人物塑造，让学生在情感上产生共鸣，从而引导他们形成正确的价值观和道德观。

### 一、创作的重要性

在现代社会，随着科技的飞速发展和信息时代的到来，传统的教育方式已经难以满足学生多样化的学习需求。而故事育人作为一种古老而又充满活力的教育方法，正逐渐受到越来越多教育工作者的关注和青睐。通过引入育人故事进行教育教学，不仅可以提高学生的学习兴趣和积极性，还能有效促进他们的思维发展和品德养成。

育人故事还具有拓宽学生知识视野的作用。通过引入不同领域、不同文化背景的育人故事，学生可以接触到更广阔的知识世界，从而拓宽他们的视野和认知。这种跨文化的教育方式有助于培养学生的全球视野和跨文化交流能力，为他们未来的国际化发展打下坚实基础。

总之，育人故事在教育中的作用是多方面的，它不仅能够激发学生的学习兴趣和主动性，还能够塑造学生的品格和拓宽他们的知识视野。因此，辅导员应该重视育人故事的创作，在教育教学中通过精心挑选和创作优秀的育人故事，为学生的全面发展提供有力支持。

## 二、创作的要求

### （一）真实可信

育人故事的真实性和可信度是其教育价值的核心所在。当故事源于真实生活，它便更容易触动学生的内心，引发共鸣。例如，讲述一个真实发生的英雄事迹，如消防员在火场中拯救被困儿童的故事，不仅让学生感受到英雄的无畏和勇敢，还能激发他们对社会责任和担当的认识。这样的故事，无需过多的修饰和夸张，其真实性本身就是最好的教育素材。

育人故事创作的真实性和可信度还体现在其能够反映社会的真实面貌。例如，通过讲述一个贫困地区的孩子通过努力学习改变命运的故事，可以让学生更加深刻地认识到教育的重要性，以及自己肩负的社会责任。这样的故事，不仅具有教育意义，还能够激发学生的奋斗精神和进取心。只有真实客观可信的故事，才能够触动学生的内心，引发他们的共鸣和思考。因此，在育人故事的创作过程中，辅导员应该始终坚持真实性原则，让故事的真实性和可信度成为其教育价值的有力支撑。

真实可信的故事还具有强烈的情感感染力。辅导员通过讲述真实人物的喜怒哀乐和成长历程的故事，能够触动学生的内心，引发他们的情感共鸣。这种情感共鸣不仅能够增强学生的学习动力，还能够培养他们的同理心和人文关怀精神。真实故事正是通过触摸学生的心灵，实现了教育的深层价值。

因此，在育人故事的创作中，辅导员应该充分重视真实故事的教育价值，通过挖掘生活素材、运用文学手法等手段，创作出更多具有教育意义的真实故事，为孩子们的成长提供有力的精神支持。

### （二）教育引导

育人故事在教育中的价值和作用不容忽视，不仅为学生提供了丰富的知识背景，更在潜移默化中传递了深刻的教育意义。通过故事，辅导员可以引导学生理解复杂的社会现象，塑造他们的道德观念，甚至激发他们的创造力和想象力。例如，通过对历史上伟大科学家的故事加以创作，学生不仅可以学到科学知识，更能体会到科学家们的探索精神和坚韧不拔的毅力，这对他们形成正确的价值观和人生观具有深远的影响。

故事的教育意义不仅体现在其内容的丰富性上，更在于其引导作用的发挥。一个好的故事能够激发学生的好奇心和求知欲，使他们在享受故事情节的同时，主动思考、探索和学习。这种引导作用是其他教育手段难以替代的。例如，通过讲述环保主题的故事，辅导员可以引导学生关注环境问题，培养他们的环保意识和责任感，从而在日常生活中实践环保行为。

育人故事还具有强烈的情感共鸣性。通过创作生动、真实的故事，教育者可以触动学生的情感，使他们在情感共鸣中受到教育。这种情感教育是其他教育形式所无法替代的。通过故事的情感教育，学生不仅能够更好地理解知识，更能将其内化为自己的行动准则。因此，辅导员应该重视育人故事的创作和应用，让其在教育领域中发挥更大的作用。

此外，故事作为一种富有感染力和吸引力的媒介，是传递价值观的有效途径。通过故事，辅导员可以将抽象的道德观念、人生哲理转化为生动具体的情节和形象，使读者在沉浸于故事情节的同时，潜移默化地接受故事所蕴含的价值观。这种传递方式既避免了枯燥的说教，又增强了教育的效果。尤其是现代小说、传记等类型的故事也可以成为传递价值观的重要载体。这些故事往往以真实人物和事件为基础，通过细腻描写和深入分析，展现人物的内心世界和成长历程。广大学生在阅读这些故事的过程中，不仅能够感受到人物的喜怒哀乐，还能够从中汲取智慧和力量，形成积极向上的价值观。

当然，故事传递价值观的效果并非一蹴而就，而是需要长期积累和沉淀。教育者应该注重故事的选择和讲述方式，确保故事能够真正触动学生的心灵。

同时，学生也应该积极参与到故事的创作和分享中，通过亲身实践来加深对价值观的理解和认同。

## （三）创新融汇

在育人故事的创作中，创新性和融汇时代感是不可或缺的元素。创新性能够赋予故事独特的魅力，吸引学生的关注，而时代感则让故事更加贴近学生的生活实际，产生共鸣。因此，创作者在构思故事时，应注重将这两者融入其中。

创新性原则要求辅导员在创作育人故事时，不仅要注重故事的教育意义，还要注重故事的艺术性和趣味性。例如，可以借鉴现代流行文化元素，如动漫、游戏、社交媒体等，将其融入故事中，使故事更加生动有趣。同时，也可以尝试采用非线性叙事、多视角叙述等创新手法，打破传统故事的叙事模式，增加故事的张力和吸引力。

时代感则要求辅导员在创作育人故事时，要紧密关注当代社会的发展变化，及时捕捉社会热点和时事动态，将其融入故事中。例如，可以围绕环保、科技、社会公正等当代社会关注的热点问题，创作具有时代特色的育人故事。这样的故事不仅能够引起学生的共鸣，还能够引导他们关注社会问题，培养社会责任感和公民意识。

创新故事在吸引学生兴趣方面发挥着至关重要的作用。创新故事还能够激发学生的好奇心和探索欲望。随着科技的快速发展和信息的爆炸式增长，传统的教育方式已经难以满足现代学生的需求。因此，将创新元素融入育人故事中，能够激发学生的学习兴趣，提升他们的学习动力。例如，利用虚拟现实技术，辅导员可以为学生创造一个身临其境的学习环境，让他们在虚拟世界中体验各种冒险和挑战。这样的故事不仅能够吸引学生的注意力，还能够培养他们的创新思维和解决问题的能力。好奇心是人类与生俱来的天性，而创新故事往往充满了未知和惊奇。通过讲述一些科学家、发明家或创业者的故事，辅导员可以让学生了解他们是如何通过创新思维和勇气，克服了重重困难，最终取得了成功。这样的故事不仅能够激发学生的好奇心，还能够激励他们勇于探索未知领域，追求自己的梦想。

创新故事还能够培养学生的批判性思维和创新能力。在创新故事中，往往存在着多种解决方案和可能性。通过分析这些故事，学生可以学会如何从不同角度看待问题，如何提出新颖的解决方案。这种批判性思维和创新能力在未来的学习和工作中都将发挥重要作用。

创新性和时代感在育人故事创作中的融合，可以产生强大的教育效果。例如，近年来，一些以“互联网+”为背景的育人故事逐渐兴起，这些故事以网络空间为舞台，通过讲述主人公在网络世界中的成长经历，引导学生正确看待网络世界，提高网络安全意识。这种融合创新性和时代感的故事形式，既符合当代学生的审美需求，又能够有效地传递教育价值。

## 三、创作的方法

### （一）挖掘生活素材

#### 1. 从学生生活中寻找故事素材

在创作育人故事时，从学生生活中寻找故事素材是一种非常有效的方法。这种方法的优势在于，它能够让故事更加贴近学生的日常生活，从而更容易引起他们的共鸣。例如，辅导员可以从学生日常的学习、交往、活动等方面寻找故事素材。比如，有一个学生因为坚持每天早起读书，最终取得了优异的成绩，这个故事就可以用来强调坚持和努力的重要性。

辅导员还可以从学生的兴趣爱好中寻找故事素材。比如，有一个学生热爱篮球，通过不断努力和训练，最终成为校队的主力球员。辅导员可以用这个故事来强调热爱和坚持的重要性，同时也可以引导学生发掘和培养自己的兴趣爱好。

在寻找故事素材的过程中，辅导员通过对学生生活中的各种因素进行分析，可以更加深入地理解学生的生活状态和需求，从而创作出更加贴近学生实际的故事。

2. 提炼生活素材中的育人价值

生活素材作为育人故事创作的源泉，其教化价值不容忽视。这些素材往往来源于学生的日常生活，具有真实性和可信度，能够引起学生的共鸣和兴趣。通过深入挖掘生活素材，提炼其育人价值，辅导员可以将抽象的道德观念、价值观念转化为生动的故事情节，使学生在潜移默化中接受教育和熏陶。

以校园欺凌为例，这是一个普遍存在的社会问题。辅导员可以通过收集相关案例，创作关于校园欺凌的育人故事。这些故事可以描述受害者的痛苦和无助，也可以展现施暴者的冷漠和残忍。通过讲述这些故事，学生可以更加深刻地认识到校园欺凌的危害性，增强对受害者的同情心和关爱意识。同时，这些故事也可以引导学生反思自己的行为，避免成为施暴者。

生活素材还可以帮助学生拓宽知识视野。例如，教育者可以引导学生关注社会热点问题，如环境保护、科技发展等，通过创作相关故事，让学生了解这些问题的来龙去脉和社会背景。这样的故事不仅可以增强学生的社会责任感，还可以激发他们对未来世界的憧憬和期待。

## （二）进行多样化创作

1. 创作不同类型的故事

在创作育人故事时，辅导员可以运用不同的故事类型来丰富内容，如寓言、小说和传记等。寓言通常以短小精悍的故事来传达深刻的道理，它们往往以动物或物品为主角，通过他们的行为和遭遇来反映人类的道德观念和社会现象。例如，结合学生恋爱伤害以及电信诈骗频发的现状，辅导员在育人工作中可以创作寓言故事。比如可以通过改编狐狸与乌鸦的故事，巧妙地告诫学生要务实，不要轻信陌生人的甜言蜜语，以及加强电诈防范，要学会保护自己的利益。这样的故事既有趣味性，又具有教育性，能够引起广大学生的兴趣和思考。

在创作育人故事时，辅导员可以选择以校园生活为背景，讲述学生们在成长过程中所经历的喜怒哀乐、挫折与成功。例如，辅导员可以创作一部以校园生活为背景的小说，通过描述主人公在学习、友情和爱情等方面的经历，来展现青少年成长的烦恼与快乐，引导读者正确面对生活中的挑战和困难。辅导员也可以选取一些杰出的历史人物或现代人物作为传记的主人公，通过深入挖掘他们的成长经历、性格特点和精神风貌，来展现他们的伟大之处和值得学习的品质。又例如，辅导员可以组织编写优秀大学生的成长传记，通过讲述他们的成长和学习历程，用正能量来激发更多的学生积极向上，自强不息。

这些不同类型的故事形式各有特点，但都能够为育人故事创作提供丰富的素材和灵感。通过灵活运用这些故事形式，辅导员可以创作出既有教育性又有趣味性的育人故事，为广大学生的成长提供启示和帮助。

2. 把握不同故事的教育特点

育人故事作为教育的重要载体，其类型多样，每种类型都有其独特的教育特点。寓言故事，通常以短小精悍的篇幅，通过虚构的情节和角色，传达深刻的道理。这种故事的教育特点在于其隐喻性和启示性，能够让学生在轻松愉快的阅读活动中，获得深刻的道德启示。小说故事则更注重人物塑造和情节发展，通过细腻的笔触和生动的叙述，让学生在故事中感受到人物的喜怒哀乐，从而引发共鸣。这种故事的教育特点在于其情感性和代入感，能够让学生在情感共鸣中，潜移默化地接受故事所传递的价值观。传记故事则以真实人物为蓝本，通过讲述他们的生平事迹和成长经历，为学生提供生动的历史和社会知识。例如，《邓小平传》通过记录邓小平同志的一生，展现了中国改革开放的伟大历程，激发了学生的爱国热情和历史责任感。这种故事的教育特点在于其真实性和启发性，能够让学生在了解历史和社会的同时，激发他们的责任感和使命感。

不同类型的育人故事各有其独特的教育特点，它们或隐喻启示，或情感代入，或真实启发，都在不同程度上丰富了教育的内涵和形式。因此，在育人故事的创作中，辅导员应注重挖掘不同类型故事的教育特点，结合学生的年龄和认知特点，选择适合的故事类型和表达方式，以更好地发挥育人故事在教育中的作用。

### （三）巧妙运用文学表达方式

在创作育人故事时，文学表达方式的运用至关重要。以描写为例，通过生动形象的描绘，辅导员可以将读者带入一个栩栩如生的世界。想象一下，一个描述乡村清晨的故事，通过描绘鸟鸣、晨露、和煦的阳光，读者仿佛能闻到清新的空气，感受到大自然的温暖拥抱。这样的描写不仅增强了故事的代入感，还激发了读者对大自然的热爱和敬畏之情。

对话则是故事中人物交流的重要方式。通过对话，辅导员可以揭示人物的性格、情感和动机。比如，在一个关于友谊的故事中，通过两个朋友之间的对话，人们可以感受到彼此之间的深厚情谊和相互支持。这样的对话不仅增强了故事的感染力，还教会了读者珍惜友情。

情节则是故事的核心，它推动着故事的发展。一个扣人心弦的情节可以让读者沉浸其中，无法自拔。以一则寓言故事为例，通过讲述一个小动物如何通过自己的努力和智慧战胜困难的故事，辅导员可以向读者传递坚持不懈、勇往直前的精神。这样的情节不仅丰富了故事的内容，还激发了读者的斗志和勇气。

有人说："戏剧是人生的镜子。"通过运用描写、对话、情节构造等文学表达方式，辅导员可以创作出富有感染力和教育意义的育人故事，让读者在欣赏故事的同时，也能从中汲取智慧和力量。

综上所述，文学表达方式在提升故事吸引力方面发挥着重要作用。通过生动的描写、巧妙的对话和扣人心弦的情节设计，故事能够更加吸引读者的注意力并引发他们的共鸣。因此，在创作育人故事时，辅导员应该注重运用文学表达方式，让故事更加生动、有趣和引人入胜。

## 四、创作的故事

辅导员在育人实践中，不仅要能根据不同对象和内容创作精彩的育人故事，还要指导学生结合个人经历和感受尝试创作故事，以此来感染和影响身边的同学。以下是一名辅导员结合个人工作经历创作的职场感悟故事及其指导学生们创作的几个故事：

## 莫愁前路无知己

——记一名职教人的二十载思政育才路

“女儿幸福的小家庭喜获小棉袄，我升级当外婆啦！”当我看到毕业生香兰的母亲在朋友圈发的这一喜讯，我能立刻感受到她那难以言表的喜悦之情。至今我还依稀记得5年前的香兰深受抑郁焦虑的困扰而痛苦不堪，甚至在夜不能寐的半夜想要去寻找一个池塘来结束自己的生命。作为她的辅导员，我争取到家校同频共振的工作条件，并经过长期的不懈努力，不仅帮助香兰顺利完成了学业，还帮其战胜疾病困扰，更是与她及她的家人结下了深厚情谊。

在日常工作中，我遇到过很多的“香兰”同学。目前我踏入湖湘职教之路已有20年了，先后担任过专职教师、专职辅导员和行政管理者，但都离不开思政育人。尤其是在担任专职辅导员的13年里，我以立德树人为根本，依托服务管理、文化滋养、资助扶志、就业指导、创新创业等日常工作构建“三全”育人体系，凭借“五心四勤”（即守得初心、干得耐心、做得细心、付的真心和凭的爱心；勤走学生宿舍、勤进学生课堂、勤与学生沟通和勤抓特殊学生）的工作法宝与学生同频共振。

我尽可能挖掘学生身上的闪光点，尽最大努力帮其排忧解难，力争让每一位学生都拥有属于自己的那一束光。2011届毕业生黄凯同学在校期间学习动力不足，玩心较重，作为辅导员的我经常找他及其玩伴交谈，了解到来自湘西的他虽然对学习兴趣不大，其性格以及为人处世方面均不错，于是我有意识地引导其进行自我学习管理的同时尽量多参加集体活动，争取在各类活动中开拓视野，积累人脉。毕业后，黄凯和同班同学陈梅两人（后结为夫妻）回到家乡古丈县，利用当地资源优势开启了娃娃鱼养殖事业。经过多年打拼，他俩的娃娃鱼养殖创富千万元，他们致富后还不忘带领乡亲们共同致富，其带动当地精准扶贫户脱贫致富的先进事迹还曾被CCTV-2特别报道。

2015级的李颖同学在湖南省职业院校学生技能竞赛中的“英语导游服务”赛项获得一等奖后，她想好好休整自己并认真投入专业学习中。但当她得知自己同时获得了参加国赛的资格后，反而闷闷不乐了。我察觉后，约她在校园里边走边谈心。她说参加完省赛后自己成绩还算不错，但如果去参加国赛，一方面她担心自己在高手如云的竞技场上颗粒无收，另一方面自己早已身心俱疲，另外还想留时间开展专业学习和为专升本考试作准备。对此我除了给她相应帮助外，还主动向其指导老师以及院部领导反映她的相关状况。经过多方共同努力，最终她的困难均迎刃而解，她也全身心投入备赛工作，最终获得了国赛二等奖的好成绩。她毕业后也顺利专升本去了她心仪的本科学校继续深造。

2021届毕业生余燕君在毕业时像很多同学一样，也曾迷茫和彷徨过。我立马召开毕业班会，除了带领同学们总结三年大学生活的成长点滴，还涉及专升本、就业、创业、择业、三支一扶以及西部计划……渐渐地，余燕君说她不再感到迷惘了。后来，她选择成为一名光荣的西部计划志愿者，先是服务于新疆吐鲁番的托克逊县文旅局，服务到期后她又主动延长一期，后来被分配到湖南省援疆前方指挥部。2022年7月，湖南省对口支援新疆历史陈列馆正式开馆，在大学主修旅游管理专业的余燕君有幸成为一名讲解员，一年来完成馆内讲解数百场，接待观众5000人次，给广大观众留下深刻印象。2023年她获得全国项目办认定2022—2023年度西部计划地方项目（吐鲁番市）考核优秀志愿者称号。

这么多年来，我始终凭借“五心四勤”的法宝与每一位同学、每一个班级和谐相处着。此外，我也不忘在自己的本职岗位上克服万难积极上进。其中在吉首大学顺利举行的湖南省第七届高校辅导员素质能力大赛决赛让我记忆犹新。备赛期间，我是一名处于哺乳期的大龄二宝妈，白天既要管理班级事务还要投入紧张的题海战术，晚上整晚的睡眠被割裂成无数的小碎片，用一团糨糊来形容我那段日子的状态很是贴切。尽管困难重重，但一想到要为集体荣誉而战，我硬是咬牙坚持苦熬了下来。正式参赛时，考虑到路途遥远带上二宝一同前往很不方便，于是我痛下决心为自己买了回奶宝，决定干脆趁着这次比赛狠心给二宝断奶。功夫不负有心人，在团队成员的共同努力下，我们获得了团体季军的好成绩。虽然我没能获得个人单项奖，但我已尽最大努力了，也无憾了。此外，工作之余我还积极开展课堂教学，其中开设的《湘商文化》网课被点击学习的频次达到11万多次，这也是我人生中的第一个“10万+”。

在这二十载的职教思政育才路上，虽然一路风雨兼程，但我始终用心用情用爱走进每一位学生心田，以欣赏、包容的视角与他们相处，用平和、淡泊的心态与自己对话。同时，我深知一个人可以走得很快，但一群人才能走得更远。于是我积极组建同时也参与其他辅导员团队，大家同心同向共同奔赴，抱团取暖。

在教书育人的伟大征程上，我将五心四勤无问西东，青春做伴不负芳华。回顾往昔，我更加坚信：莫愁前路无知己，天下谁人不识君！

## 我与“父亲”老师的故事

我所在的学校建立于1950年，坐落在雷锋大道青山脚下，2023年是她栉风沐雨的第73个年头。“忠诚党的教育事业，履行教师的神圣职责，对待学生需有爱心和耐心，淡泊名利，廉洁奉献”的人民教师誓词犹如春日暖阳始终照耀在商职校园。在这里，我即将告别美好的大学生涯，带着师长的谆谆教导和殷殷嘱托开启自己全新的人生旅程。回首往昔，我难以忘怀自己在商职挥洒汗水的每一天，更难忘怀给予我父母般关爱和指导的老师们。

都说想要看一棵树的年龄是多少就看年轮有几圈。而那苍黄的脸，那瘦小的手，那有些许弯着的腰，那走路的缓慢步伐……日常生活中我只深深记得陈老师幽默风趣的上课风格，却忽略了岁月在他身上驻留的年轮。素日在与陈老师聊天中得知他出生于1964年，因机缘巧合于2004年加入我们商职这个大家庭。陈老师的年龄似乎比我想象中的还要更大一些。也许是因为他的年龄、平日衣着风格以及对学生无微不至的关心，他被我们亲切地称为“父亲”老师。

陈老师非常简朴，同学们私底下都叫他“和尚”。每次上课他总会背着那早已褪色的军绿色斜挎包和一把小水壶出现在学生面前，活脱脱一个顽皮的“老和尚”。课堂上的他经常用年代感十足的扩音器伴着陈氏幽默语言给同学们授课。在他的课堂上，同学们可以听到中英文结合的专业课，连授课的PPT也是中英文结合的，而这些PPT上面的英文单词还会随授课内容的难易程度而变化，例如管理的英文单词有Manage，Administer……从而延伸出物流管理的英文单词Physical distribution management。当说到相关术语时，他总能说唱出几句同学们耳熟能详的歌词，希望通过这种方式再次加深大家的学习记忆。刚开始很多同学对他的授课方式感到很是不适，但随着时间的推移，我发现同学们都会跟随陈老师的授课在书本上写下自己想记住的英文单词。这样大家不仅上好了专业课，还积累了不少英语词汇量，真可谓一举两得。

陈老师的话语犹如东方旭日呵护着我们敏感脆弱的心灵。我依稀记得有一次他在办公室里跟我谈心时说的一段话：“我觉得你和我所认识的其他同学不太一样，你是职高上来的，你平时学习做事都很认真，有自己的想法和目标这很好。我希望你以后不管在哪一个人生的十字路口上徘徊，遇到自己当下解决不了的事，都可以依稀记得你是被陈老师认可的，因为在你的身上我看到了不一样的生机。”也许在陈老师看来，这只不过是和学生之间的一次平常得不能再平常的谈心谈话罢了。殊不知正是他的那几句话，足够温暖我许久许久，我甚至在他离开办公室后还曾偷偷抹泪和欣然自喜。

陈老师也一直是我崇拜的学习偶像。作为一位年近60岁的老师，他让我对这个年龄有了全新的认识。在我身边，有一部分学生认为自己只不过是一名普普通通的高职生，让自己的每门功课及格就可以了，为何还要起早贪黑地刻苦用功呢？旷课不是很正常吗？学校为何要举行各种考试呢？可我们的陈老师却好像很“喜欢”考试一样。在一次课堂上，陈老师和我们分享了他的学习历程。他说自从自己当上老师的那一天起，他就告诉自己教无定法，但一定要以学促教。于是他便踏上了“教学相长”之路，这些年来他先后共计自学了54门自考课程，成功考取了16个证书，所涉猎的专业知识也甚是广阔，诸如会计、工商管理、工程类，等等。当同学们不解地问他：“为何现在教书了还要看这么多书和参加这么多考试呢?”他总是和颜悦色地对大家说：“其实我们人类的这一生都在学习的路上。我喜欢看书学习新知识，就像你们年轻人喜欢玩手机一样，不过关于手机的各类新玩法我可能还得向你们咨询和请教呢。”

陈老师也始终是同学们“楚怡怀”技能竞赛征途上的守护神。去年冬天，随着技能竞赛日期的临近，同学们的训练也变得越来越紧张了，就连当时的天气好像也感知到了什么，突然也变得更加寒冷了，冻得参赛的同学们都穿上了大棉袄等厚重的衣服。陈老师作为竞赛指导老师，不管天寒地冻依然坚持每天准点赶到训练室。同学们不禁纷纷感叹，晚上的寒风刺骨也不曾让咱们的守护神动摇初心啊。在静谧的学校里暖色的路灯下，陈老师显得更加瘦小，看着成群结伴的学生们有说有笑地走着，我想此刻走在这寒风里的他内心肯定也会有暖流穿过吧。

当参赛同学突发低血糖时，作为指导老师的他比任何人都要着急，只见陈老师把身上那个军绿色斜挎包往身前挪了一下，就毅然决然地背起晕倒的同学爬过陡峭的坡道飞奔赶往医务室。这时的他似乎已不再是一名年近花甲的老者，而是一名参加百米赛跑冲刺的运动健将。我想在那一刻，不管是他背上的同学还是身边的同学，一定感觉到了一股暖流遍布全身吧。当我偶然瞅到陈老师手上挂着医院的住院手环的那一刻，我才猛然意识到原来咱们的守护神也是肉胎凡身，陈老师也有拼到累倒的时刻。

在备赛的每一天里，同学们都在陈老师父亲般的陪伴下充实地度过。但正式比赛的那个下午，大家发现陈老师突然缺席了，直到闭幕式颁奖的那一刻他才现身。事后大家才得知原来陈老师实在不舒服回医院复查了。我也是从其他老师那里听说，其实组织考虑到陈老师自身的身体情况是不建议他陪同学们去现场参加技能比赛的。但陈老师好像老“不听劝”似的一定要亲自陪同参赛同学上赛场。那一刻，同学们都感动得哭了。同学们都纷纷涌上来关心和询问陈老师的身体情况，而他只是轻描淡写地说了几句：“没关系，不是什么大事，本次你们勇于踏出的这一步是正确的，这也会成为你们以后怀念的一段经历。”

在商职求学的这三年，我何其有幸遇到了许多像陈兵老师那样给予我“父（母）亲”般谆谆教导和无私关爱的师长。如今，我的大学生活即将画上圆满句号，但在商职与广大师生结下的深厚友谊将是我畅达人生蓝海的风帆。将来不管我奔向何方，我将用自己在商职三年的所学所获接过革命先辈手中的接力棒，奋力完成属于我们年轻一代的接力跑。我将以时不我待、只争朝夕的精神努力奔跑在新时代的奋斗征程上，功成不必在我，但功成必定有我！

## 此心安处是吾乡

——记我的“鸡王”学长周灿湘

当我们追寻湖湘名士的奋斗历程，定会被其身上凸显的心忧天下的情怀、敢为人先的胆识、九天揽月的豪情、纵横四海的格局、独领风骚的气质所深深折服，并会不由自主地被其引领到开拓奋进的康庄大道上。我所就读的湖南商务职业技术学院，建校 70 多年来一直深耕文化沃土，传承楚怡职教传统，培养了众多新时代湖湘工匠和技能人才。今天我想和大家分享新农人学长——“鸡王”周灿湘的故事。

### 心存梦想，何惧远方

周灿湘，我校 2005 届电子商务专业优秀毕业生，电子商务师，深圳曲慕文化传播有限公司董事长。他在校就读期间就希望能利用自己的专业为新农村的发展贡献自己的力量。经过广泛调研，他发现食品安全问题一直是普通民众比较头痛的问题，尤其是“化妆”鸡蛋事件促使他立志要想方设法让老百姓吃到绿色安全的农副食品。不过由于各方条件的制约，他并非一毕业就奔向新农人之路。毕业初期，他跟其他同学一样前往深圳打拼。他凭着十足的干劲和闯劲，很快就成了一家知名企业服装设计学院的负责人。在服装领域拼搏期间，他始终没有忘记他的初心——从事农产品电商。随着国家乡村振兴战略的深入推进，周灿湘的电商梦越来越清晰了。2016 年，周灿湘辞工创办了深圳市看飞鸡生态农业有限公司，专注从事散养鸡养殖和销售，将养殖基地建设到湖南老家，立志实现自己农产品电商的梦想。

## 笃志前行，虽远必达

山川锦绣风帆扬，万亩山林藏金凤。1965 年中国科学院、农业部和农垦部正式确定桃源鸡为出口良种家禽，并写进与德国签订的科学合作协议。1968 年输种越南，深受欢迎。1983 年出版的全国高等农业院校试用教材《畜牧学》，确认桃源鸡为中国地方良种鸡。2001 年《农民日报》将桃源鸡列为中国优良土鸡。为了更稳地端好中国饭碗，周灿湘专注湖南本地土鸡的养殖和销售，他和他的创业团队就在湖南常德桃花源开辟 9600 亩竹林山谷、300 多亩水稻田、80 多亩红薯地、70 多亩青草地和 15 亩玉米地进行养鸡封闭式管理。为了解决食品安全问题，他们采用绿色五谷杂粮慢养，中草药防疫防控；为了让百姓安心，他们创立飞鸡课程表喂养体系，365 天的喂养精细到每天，让飞鸡竹林残影、身轻如燕。

## 初心不忘，守正创新

工欲善其事，必先利其器。周灿湘利用自己的专业知识，基于互联网技术和生态，对散养土鸡的产业链和内部的价值链进行重塑和改造，从而形成互联网生态和形态，力争走好“精准棋”，打好“特色牌”，念好“品牌经”。他和他的团队在“准”上下功夫，在“实”上做精细，在“好”上见实效。他们充分发挥互联网在生产要素配置中的优化和集成作用，实现互联网与养鸡产业深度融合，将互联网的创新应用成果深化于各项环节领域中，物联科技保驾护航区块鸡脚环记录跑步，通过二维码扫一扫，让你了解这只鸡的前世今生。并通过不断优化养殖环节，改善设备设施，降低喂养成本，降低浪费率等，周灿湘还获得了 1 个发明专利，9 个实用新型专利，6 个软件著作权。

## 担当奉献，谱写华章

栽下梧桐树，引来金凤凰。9600 亩竹林山谷、300 多亩稻田、80 多亩红薯地、数万羽桃源鸡，小有名气的“看飞鸡”品牌，成为周灿湘现实版“桃花源”。在乡村振兴的路上，周灿湘和他的团队经过打拼成为当地乡村发展的“领头雁”，前行的“主心骨”，乡亲的“贴心人”。5年间，他们共销售3000万枚鸡蛋，服务9万多个家庭。不仅如此，为振兴乡村，周灿湘还带动乡亲们一起创业致富。周灿湘将养殖技术和经验无偿分享给当地80多个养殖户。通过构建飞鸡学院，带领15户养殖户，从而实现每户年收入突破22万。春生夏长，秋收冬藏，在这里不仅看到充满希望的山林，更能看到人们脸上挂满的微笑。从不可能到可能，从旧貌到新颜。这片“桃花源”产业欣欣向荣，乡村美美与共。

成为“鸡王”的8年来，从养殖技术、防疫防控到互联网销售、智慧农业、循环农业，周灿湘从一个文理兼修的电子商务专业毕业生，转变成一个扎根农村的新农人。我们坚信“青松寒不落，碧海阔逾澄”。时间这位伟大的魔术师，从不辜负对拼搏者的允诺，从不吝啬对奋斗者的褒奖，我们坚信，沧海横流，方显英雄本色；关键时刻，更见勇毅担当；我们坚信征途漫漫，惟有奋斗可达远方。

让我们同周灿湘一起扎根湖湘乡村一线，在红色文化浸润中，在湘商精英带领下，用楚怡精神催发积极向上的能量，为乡村振兴贡献青春力量。

（本故事曾获得“楚怡”职教故事评选三等奖）

## 热血男儿执笔从戎，努力绽放青春之花

没有一朵花从一开始就是一朵花。每一朵花的绽放，必然是从种子开始，经过了无数的风雨洗礼，它们依旧顽强生长。就好像我们的成长过程，经过磨砺，我们的身心才得以充实。今天我想从我们商职学院这个美丽的大花园里选择一朵异常芬芳的花朵和大家一起欣赏——他就是我那投笔从戎奋发图强的学长赵浪欣。他曾服役于中国人民解放军陆军某部队，并于2022年9月退役复学，他的优秀大家一直有目共睹。

### 参军入伍，热血报国

很多人觉得，刚进部队的日子是最难熬的，为什么呢？因为在一个全新

的、陌生的环境里，面对来自五湖四海的战友，于身心而言，都是很大的挑战。在赵浪欣的眼里，那些日子虽然充满了挑战，但同时也给自己带来了成长。于是他很快便适应了军事化的生活与高强度的训练，在身体素质、责任感、集体荣誉感等方面也得到了极大的提升。此外，他以拳拳报国之心在部队中表现优异，获得“四有好士兵”等荣誉称号。经过两年时间的积淀，他从“新兵蛋子”蜕变成“热血老兵”，他的意志得到了磨炼，思想觉悟得到了提高，身体素质得到了锻炼……那样的他，在我眼中俨然就是军营里那朵开得最绚丽的军中绿花。

## 退役复学，荣心向党

2022 年 9 月，结束两年军旅生活的赵浪欣重返校园。他需要重新适应校园的学习节奏，重新开始新的社交。在学校活动中，他积极响应学校号召，积极参与学校活动。他作为我校学生教官队一中队的队长，在 2023 级新生军训时带着一颗负责的心参与带训，最终获得“优秀教官”的荣誉称号。此外，他还是一名入党积极分子，担任经贸茶学院先锋队队长。身为一名退伍复学的大学生，他说：“复学之后给我带来了全新的体验，我将通过学习和社交，拓宽视野，丰富人生阅历。今后，我将不忘初心、牢记使命，积极践行全心全意为人民服务的宗旨。”如今的他，在我看来，犹如退役军人中绽放得最美丽的雪绒花。

## 潜心学习，坚持不懈

在专业学习上，尽管学习压力不小，但赵浪欣一直名列前茅，这都离不开他的刻苦努力。于他而言，英语就是他在学习上的拦路虎。由于以前的英语基础不好，到了大学，面对英语学习，倍感吃力。在这样的情况下，也许有些同学会选择“躺平”，但是，他是赵浪欣！他选择突破自己，学好英语。在课堂上，他认真听讲；在课后，他刻苦钻研。可是，一个学期下来，进步并不明显。这时，英语老师给他提出了建议，于是他想学好英语的劲铆得更足了。无论是严寒还是酷暑，我们总能看见清晨的他在图书馆背记英语单词。渐渐地，他的积累有了成效，在第二个学期的英语测试中，取得了极大的进步。有一次跟他聊天时，他对我说："在学习的过程中，我最大的体会就是勤奋与坚持，勤能补拙。之所以我能坚持每天早起背单词，是因为我有明确的目标，我希望自己能够学好英语这门学科，所以大家也可以尝试树立自己的目标，并为之坚持与奋斗！"如此上进且优秀的同学怎能不被大家学习呢？此时的他，在我看来就是奋斗青年中那朵盛开的花。

**热心公益，奉献自我**

通过认真学习党团知识和理论知识，赵浪欣的思想觉悟得到了极大的提升。他热衷于参加各种志愿者活动，不管危险与否，他总是冲在第一线。在疫情防控期间，他积极参加疫情防控，在基层进行管理与巡查，为我国的疫情防控作出了自己的贡献。不仅如此，他还带着同学、朋友一起加入了志愿者行列。比如，近期他就参加了养老院的志愿者活动，给老人送温暖，陪他们聊天，给他们唱红色歌曲……乐于公益的他，在我眼中就是志愿者中那朵盛开的花。

青年不是天马行空的幻想，而是脚踏实地的奋斗；青春不是一路顺利的成就，而是布满荆棘的磨砺。面对无数挑战，赵浪欣一路披荆斩棘，战胜无数困难，经过风吹雨打，他将自己培成了一朵盛开的花，在未来的日子里，我们祝愿他绽放的青春之花犹如夏花般灿烂秋叶般精美！

# 第三章　故事育人队伍建设

辅导员作为高等教育中的教育者之一，其专业素养和能力水平的提升不仅关乎个人的职业发展，更关乎学生的成长和未来。因此，辅导员必须高度重视辅导员队伍的建设，不断提升其专业素养和能力水平，为高等教育的发展贡献更大的力量。

## 第一节　队伍建设的现状与目标

### 一、队伍建设的现状与挑战

#### （一）数量与结构

近年来，随着高等教育普及率的提升，学生人数的不断增加，辅导员队伍的数量也在稳步增长。教育部新闻发布会公布：截至 2022 年，全国高校专兼职辅导员达 24.08 万人，比 2019 年增加了约 5.2 万人，师生比实现从 1∶205到 1∶171 配置，31 个省（区、市）辅导员配备实现整体达标。在结构上，辅导员队伍也逐渐呈现出多元化和专业化的特点。早期，辅导员队伍主要由思想政治教育专业的教师组成，而现在，心理学、社会学、教育学等多个专业的教师也加入辅导员队伍中。这种多元化的结构使得辅导员队伍能够更好地满足学生的多样化需求。当前辅导员队伍的基本情况呈现出年轻化、专业化的趋势，他们不仅具有心理学、社会学、教育学等多个专业知识背景，而且充满活力，富有创新精神。

### （二）现状与挑战

辅导员队伍数量的增长和结构的多元化也带来了一些挑战。当前辅导员队伍建设的现状与挑战主要体现在以下几方面：首先，辅导员队伍的工作负担过重，既要承担学生的日常管理工作，又要负责思想政治教育、心理辅导等多项任务，使得辅导员难以有足够的时间和精力进行专业提升和深入研究。其次，辅导员队伍的专业素养和能力参差不齐，部分辅导员缺乏系统的思想政治教育和心理学知识，难以有效应对学生日益复杂的思想问题和心理问题。另外，辅导员队伍的职业发展路径不清晰，缺乏明确的晋升通道和激励机制，导致辅导员队伍流动性大，难以形成稳定的专业化队伍。这主要体现在辅导员队伍的专业素养、工作方法和学生满意度等方面。

从专业素养来看，当前辅导员队伍中仍有一部分人员缺乏心理学、教育学等专业背景，这在一定程度上影响了他们的工作效果。例如，在面对学生心理问题时，部分辅导员可能由于缺乏专业知识和技能，无法提供有效的心理支持和干预。这不仅影响了学生的心理健康，也削弱了辅导员队伍的整体形象。

在工作方法方面，部分辅导员过于依赖传统的说教和灌输方式，缺乏创新性和针对性。在信息化、多元化的时代背景下，学生的思想观念、行为方式都在发生深刻变化，传统的工作方法已经难以适应新的形势。因此，辅导员队伍需要不断更新工作理念，探索更加符合学生实际的工作方法。

从学生满意度来看，虽然大多数学生对辅导员的工作表示认可和支持，但仍有一部分学生对辅导员的工作存在不满和抱怨。这主要体现在辅导员对学生的关心程度、解决问题的效率以及与学生沟通的方式等方面。这些问题不仅影响了学生的学习和生活，也制约了辅导员队伍的工作成效。

因此，如何对庞大的辅导员队伍进行培训，提升专业素养和能力水平，以及让不同专业背景的辅导员如何更好地协作，形成合力，都将是目前辅导员队伍建设中需要面对的现实和挑战。

## 二、队伍建设的理论基础与指导思想

### （一）理论依据

辅导员队伍建设的理论依据主要源于教育学、心理学以及管理学等多个学科领域。在教育学方面，辅导员作为高校思想政治教育的重要力量，其队伍建设必须遵循教育规律和学生成长规律，以促进学生全面发展为目标。心理学则强调辅导员应具备扎实的心理学知识，能够深入了解学生心理需求，有效预防和解决学生心理问题。管理学则为辅导员队伍建设的规范化、专业化提供了理论支撑，强调通过科学的管理方法和手段，提升辅导员队伍的整体素质和工作效能。

在辅导员队伍建设过程中，学校要充分借鉴教育学、心理学和管理学的相关理论，通过定期举办辅导员培训班，提升辅导员的教育教学能力和心理辅导能力；同时，引入绩效考核机制，对辅导员的工作进行量化评价，激励辅导员不断提升自身素质和工作水平。这些举措的实施，能促进辅导员队伍的整体素质和工作效能得到显著提升，为学校的思想政治教育和学生管理工作提供有力保障。

此外，辅导员队伍建设的理论依据还体现在对辅导员角色的定位上。著名教育家陶行知先生曾提出“生活即教育”的理念，强调教育应与生活紧密相连。辅导员作为连接学校与学生、理论与实践的桥梁，其角色定位也应体现这一理念。辅导员不仅要关注学生的学业成绩，更要关注学生的生活状态、心理需求和职业规划，通过提供个性化的指导和帮助，促进学生的全面发展。

### （二）指导思想与原则

在辅导员队伍建设的指导思想与原则方面，辅导员要坚持以学生为中心，以全面发展为导向，注重理论与实践相结合。具体而言，在强调辅导员队伍的专业化、职业化和多元化发展的基础上，通过提升辅导员的专业素养和能力，推动学生工作的创新与发展。同时，还要注重辅导员队伍建设的系统性和整体性，通过构建完善的激励机制和评价体系，激发辅导员的工作热情和创造力。以某高校为例，该校在辅导员队伍建设中，注重选拔具有扎实专业知识和良好职业素养的辅导员，通过定期培训和交流学习，不断提升辅导员的专业水平和综合素质。此外，该校还建立了科学的评价体系，对辅导员的工作绩效进行客观公正的评估，为辅导员的职业发展提供了有力保障。

## 三、队伍建设的目标与要求

### （一）总体目标

根据《普通高等学校辅导员队伍建设规定》，辅导员队伍建设的总体目标在于构建一个专业化、职业化、高效能、可持续发展的辅导员队伍，以满足高等教育日益增长的学生辅导需求。这一目标的实现需要多方面的努力和实践。

首先，专业化是辅导员队伍建设的核心。目前辅导员队伍中，具备心理学、教育学等专业背景的人员比例仍然偏低。因此，加强辅导员的专业培训，提升他们的专业素养，是实现专业化目标的关键。例如可以引入心理咨询师、职业规划师等专业人士，为辅导员提供系统的培训和指导，帮助他们掌握专业的辅导技能和方法。

其次，高效能是辅导员队伍建设的追求。辅导员作为学生成长的重要引导者，其工作效能直接关系到学生的成长和发展。因此，学校需要建立科学的评价体系，对辅导员的工作进行量化评估，激励他们提高工作效率和质量。同时，通过定期的考核和反馈，帮助辅导员发现自身的不足，制定改进计划，不断提升工作效能。

最后，可持续发展是辅导员队伍建设的长远目标。辅导员队伍的建设不是一蹴而就的，需要长期投入和积累。需要关注辅导员的职业发展，为他们提供广阔的职业发展空间和机会，激发他们的工作热情和创造力。同时，加强辅导员队伍的梯队建设，培养一批批优秀的辅导员后备人才，确保辅导员队伍的可持续发展。

### （二）具体要求

辅导员队伍建设的具体要求涵盖了多个方面。《高等学校辅导员职业能力标准（暂行）》中对初级、中级、高级辅导员的职业功能、工作内容、能力要求以及相关理论和知识要求均逐一作了相关说明，其中最为核心的是提升辅导员的专业素养和职业能力水平。这要求辅导员不仅要具备扎实的思想政治教育理论基础，还要有丰富的实践经验和良好的沟通协调能力。例如，在解决学生心理问题方面，辅导员需要掌握心理学知识，能够运用心理咨询技巧，帮助学生排解困扰，促进其健康成长。此外，辅导员还需要具备较高的组织管理能力，能够策划和组织各类学生活动，培养学生的综合素质。

为了提升辅导员的专业素养和能力水平，高校可以采取多种措施。首先，可以加强辅导员的在职培训，定期组织专业培训和经验交流活动，让辅导员不断学习和进步。其次，可以建立辅导员的职业发展机制，为辅导员提供晋升机会和职业发展空间，激发其工作积极性和创新精神。此外，还可以引入第三方评估机构，对辅导员的工作绩效进行客观评价，为辅导员的职业发展提供有力支持。

以某高校为例，该校通过实施“辅导员能力提升计划”，有效提升了辅导员的专业素养和能力水平。该计划包括定期举办辅导员培训班、组织辅导员经验交流会、开展辅导员工作案例分享等多项活动。通过参与这些活动，辅导员们不仅提高了自己的理论水平和实践能力，还拓宽了工作思路和方法。该校的实践证明，加强辅导员队伍建设是提升高等教育质量的重要举措之一。

综上所述，辅导员队伍建设的具体要求是推动辅导员专业化和职业化的关键所在。通过加强培训、完善机制、引入评估等措施，可以有效提升辅导员的专业素养和能力水平，为高等教育事业的发展提供有力保障。

### （三）评价标准

辅导员队伍建设的评价标准是评估辅导员工作成效和队伍建设质量的重要依据。在构建这一标准时，辅导员需要综合考虑辅导员的专业素养、工作表现、学生满意度等多个方面。例如，专业素养方面，可以设置辅导员必须持有相关专业的硕士学位，并具备心理咨询、就业指导等专业资格证书。工作表现方面，可以建立辅导员工作考核体系，包括学生管理、心理辅导、职业规划等方面的考核指标。学生满意度方面，辅导员可以通过定期的问卷调查，了解学生对辅导员工作的评价和建议。通过这些具体的评价标准和措施，可以更加全面、客观地评估辅导员队伍建设的成效，为进一步优化队伍建设提供有力支持。

在实际操作中，辅导员可以借鉴一些成功的案例来丰富辅导员的评价标准。例如某高校在辅导员队伍建设中，采用了“导师制”模式，即由资深辅导员担任导师，指导新入职的辅导员开展工作。这一模式不仅提高了新辅导员的工作能力，也增强了辅导员队伍的整体凝聚力。在辅导员队伍建设中，除了关注辅导员个体的专业素养和能力水平外，还需要注重团队建设和协作能力的培养。因此，在评价标准中，可以增加对辅导员团队合作和协作能力的考核，以推动辅导员队伍的整体优化。

还可以借鉴一些名人的智慧来丰富辅导员的评价标准。如著名教育家陶行知先生认为教育者的责任在于引导学生自我发展。在评价辅导员工作时，不仅要关注他们的工作成果和表现，还要关注他们是否能够有效引导学生实现自我发展。因此，在评价标准中，可以增加对学生自我发展情况的考核，以推动辅导员队伍在引导学生自我发展方面取得更好的成效。

# 第二节　队伍建设的策略与实践

## 一、队伍建设的策略

### （一）以故事育人理念引领团队建设创新

在团队建设中，以故事育人理念引领创新实践，不仅丰富了团队建设的内涵，也为团队成员的成长与发展提供了全新的视角。通过引入故事育人理念，辅导员可以将团队建设与情感教育紧密结合，从而激发团队成员的共鸣和参与热情。

故事育人理念强调通过真实、感人的故事来传递价值观、激发情感共鸣，并促进个人成长。在团队建设中，辅导员可以运用这一理念，通过分享团队成员的真实故事，来增强团队的凝聚力和向心力。例如，可以组织团队成员分享自己的成长经历、面临的挑战以及取得的成就，这些故事不仅能够激发团队成员的共鸣，还能够为团队提供宝贵的经验和启示。

以故事育人理念引领团队建设创新，还需要辅导员注重故事的多样性和包容性。团队成员来自不同的背景和文化，他们的故事也各具特色。因此，在实际育人工作中，辅导员应该鼓励团队成员分享多样化的故事，包括成功经验、失败教训以及个人成长历程等。通过倾听和分享这些故事，辅导员可以增进彼此的了解和信任，促进团队成员之间的交流和合作。

此外，以故事育人理念引领团队建设创新，还需要辅导员善于运用故事的力量来激发团队成员的创造力和创新精神。通过分享具有启发性和激励性的故事，辅导员可以激发团队成员的想象力和创造力，推动他们不断探索新的思路和方法来解决问题。同时，辅导员还可以借助故事的力量来营造积极向上的团队氛围，激发团队成员的工作热情和奉献精神。

总之，以故事育人理念引领团队建设创新是一种富有成效的实践方式。

通过运用故事育人理念，辅导员可以丰富团队建设的内涵，增强团队的凝聚力和向心力，激发团队成员的创造力和创新精神。此外，辅导员也需要注重故事的多样性和包容性，善于运用故事的力量来激发团队成员的共鸣和参与热情。只有这样，辅导员才能真正实现团队建设与情感教育的深度融合，推动团队不断向前发展。

### （二）探索适合团队建设的故事育人模式

在探索适合团队建设的故事育人模式时，辅导员首先要认识到故事育人不仅仅是一种教育方法，更是一种情感连接和文化传承的手段。通过讲述真实、生动、富有感染力的故事，辅导员能够帮助学生建立正确的价值观、人生观和世界观，同时增强团队的凝聚力和向心力。

为了构建有效的团队建设模式，辅导员需要精心选择故事，确保故事与团队建设的目标相契合。例如，通过讲述团队合作克服困难的故事，可以激发团队成员的协作精神和共同目标意识。同时，辅导员还可以结合团队成员的个性和背景，定制个性化的故事，以更好地引起共鸣和激发参与。

在实际操作中，辅导员可以借鉴一些成功的团队建设案例。比如，在学生会团队中，辅导员通过讲述一位学长学姐带领团队克服重重困难、取得辉煌成就的故事，激发了学生的归属感和荣誉感，使得整个团队更加团结和高效。这种以故事为载体的团队建设方式，不仅提高了学生的参与度和满意度，还促进了团队的整体发展。

此外，为了评估故事育人模式在团队建设中的效果，辅导员可以采用量化与质性评估相结合的方法。通过问卷调查、访谈等方式收集数据，分析团队成员在情感、态度、行为等方面的变化，从而评估故事育人模式对团队建设的积极影响。同时，辅导员还可以根据评估结果，及时调整和优化故事育人模式，以更好地适应团队发展的需要。

总之，探索适合团队建设的辅导员故事育人模式是一个不断创新和实践的过程。通过精心选择故事、结合团队成员特点、借鉴成功案例以及科学评估效果等方式，辅导员可以构建出更加有效和富有特色的团队建设模式，为培养高素质人才提供有力支持。

### （三）提升故事育人的能力素养

一方面，加强辅导员的专业素养培训，是提升辅导员队伍故事育人能力的关键一环。专业化培训与发展规划对于辅导员队伍建设至关重要。首先，要建立完善的辅导员培训体系，包括岗前培训、在职培训和进阶培训等多个层次。其次，辅导员还要注重培训内容的更新和优化。近年来，我国高等教育机构纷纷加大对辅导员队伍的培训力度，通过举办专题研讨会、工作坊等形式，为辅导员提供系统的理论学习和实践指导。除了专业培训，辅导员还应积极参与学术研究，不断提升自身的理论水平。例如，某辅导员通过深入研究学生心理健康问题，成功发表了一系列学术论文，不仅提升了个人学术影响力，也为学校的学生心理健康教育工作提供了有力支持。这种将理论与实践相结合的做法，有助于辅导员更好地理解和应对学生工作中的各种挑战。

此外，辅导员还应注重自我学习和自我提升。在信息化时代，辅导员可以通过在线课程、专业书籍等途径，不断更新自己的知识储备，提高专业素养。同时，辅导员还应积极参与校际交流和国际合作，借鉴其他高校的成功经验，不断提升自己的工作水平。

另一方面，提升辅导员的故事选择、创作与讲述能力，是打造高效育人队伍的关键一环。在选择故事时，辅导员需要充分考虑学生的年龄、兴趣、背景等因素，选择那些能够触动他们内心的故事。在创作故事时，辅导员需要注重故事的情节和细节，让故事更加生动、有趣。同时，还要注重故事的教育意义，让学生在欣赏故事的同时，也能够获得一些有益的知识和启示。辅导员还可以借鉴一些经典的教育理论来丰富故事的内容。例如，马斯洛的需求层次理论可以帮助学生更好地了解自己的内心需求和动机。通过讲述一个学生如何根据自己的需求层次来制定学习和生活计划的故事，可以让学生更加深入地了解这个理论的应用方法和意义。辅导员在讲述故事时，需要掌握一定的技巧，如使用生动的语言、设置悬念、运用比喻等，以激发学生的好奇心和想象力。同时，情感传递也是故事讲述中不可或缺的一环。辅导员要通过声音、表情和肢体语言等方式，将故事中的情感真实地传达给学生，从而引发学生的共鸣。

### （四）建立健全激励机制与评价体系

在辅导员队伍建设的实践中，激励机制的设计与实施是提升辅导员工作积极性和专业发展的重要手段。2020 年教育部等八部门联合下发了《关于加快构建高校思想政治工作体系的意见》，意见要求“各地要因地制宜设置思政课教师和辅导员岗位津贴，纳入绩效工资管理，相应核增学校绩效工资总量。”在具体工作实践中，激励机制的设计应充分考虑辅导员的工作特点和个人发展需求，确保激励措施既具有针对性又具备实效性。高校在实施辅导员激励机制时，采用物质激励与精神激励相结合的方式。在物质激励方面，学校设立辅导员专项津贴和绩效奖金，根据辅导员的工作表现和业绩进行差异化发放，有效激发辅导员的工作热情。在精神激励方面，高校应定期组织辅导员进行经验交流和学术研讨，为辅导员提供展示自我、提升能力的平台，同时对于表现优秀的辅导员给予荣誉表彰和晋升机会，进一步增强辅导员的职业认同感和归属感。

此外，激励机制的实施还需要注重公平性和可持续性。公平性体现在激励措施的制定和执行过程中，要确保所有辅导员都能享受到公平的机会和待遇，避免出现“一刀切”或“偏袒”的情况。可持续性则要求激励机制能够长期有效，不仅要关注当前的激励效果，还要考虑到未来的发展趋势和辅导员队伍的长远建设。因此，在激励机制的设计与实施过程中，需要不断总结经验教训，根据辅导员队伍的实际情况进行调整和优化，确保激励机制能够持续发挥积极作用。

在构建辅导员队伍评价体系时，需注重多维度、全方位的考量。首先，应确立明确的评价标准和指标，如辅导员的思想政治素质、业务能力、工作实绩等，确保评价体系的科学性和公正性。其次，采用定量与定性相结合的评价方法，通过问卷调查、学生评价、同行评议等方式，收集全面、客观的数据信息。此外，引入第三方评估机构，对辅导员队伍进行定期评估，确保评价结果的客观性和权威性。

在评价体系的运用过程中，还需注重结果反馈与持续改进。一方面，要及时将评价结果反馈给辅导员本人，帮助他们了解自身存在的不足和需要改进的地方；另一方面，要根据评价结果对辅导员队伍进行有针对性的培训和指导，提升他们的专业素养和工作能力。同时，还要定期对评价体系进行修订和完善，确保其与时俱进、适应新形势下的辅导员队伍建设需求。

## 二、队伍建设的创新路径

### （一）制定推广计划

为了让辅导员故事育人团队建设理念深入人心，让故事育人成为高校团队建设的主流方法，势必要制定推广计划，设定具体的推广策略和时间表。在推广策略上，可以采取线上线下相结合的方式。线上，可以通过社交媒体、教育平台和学术网站发布相关文章和案例，让更多人了解辅导员故事育人的理念和实践。线下，辅导员可以组织讲座、研讨会和培训活动，邀请专家学者和优秀辅导员分享经验，提高辅导员的故事育人能力。在时间表上，可以设定在未来一段时间内完成推广计划。比如，设定前三个月进行市场调研和准备工作，了解目标受众的需求和现状；接下来六个月全面实施推广计划，包括线上线下的宣传和活动组织；最后三个月进行效果评估和总结，以便及时调整和改进推广策略。通过这一推广计划，期望能够让更多的辅导员和学生受益，推动团队建设向更高水平发展。

总之，通过辅导员故事育人的团队建设方法，能够引导学生积极参与，增强团队凝聚力，实现教育引导的双重目标。

### （二）开展推广活动

为了深入推广故事育人的团队建设理念，要精心组织一系列讲座、研讨会和培训活动。这些活动旨在帮助辅导员更好地理解故事育人的重要性，并学习如何在团队建设中有效运用故事育人的策略。

在讲座环节，可以邀请国内外知名教育专家，分享他们在辅导员故事育人领域的实践经验和研究成果。专家们的精彩演讲不仅可以让听众深受启发，也为他们提供了宝贵的实践指导。研讨会则注重互动与交流，还可邀请来自不同学校和地区的辅导员，分享他们在团队建设中的故事育人实践案例。这些案例既有成功的经验，也有遇到的挑战和解决方案。通过深入讨论和互动交流，参与者们不仅学到了实用的方法，还建立了广泛的联系和合作网络。

培训活动要更加系统和深入，可设计一套完整的辅导员故事育人团队建设培训课程，包括理论讲解、案例分析、实践操作等多个环节。通过培训，参与者们不仅掌握了故事育人的基本理论和技巧，还学会了如何根据团队建设的实际需求灵活运用这些理论和技巧。这些讲座、研讨会和培训活动的成功举办，不仅推动了辅导员故事育人团队建设理念的普及和应用，也为教育工作者提供了一个相互学习、共同进步的平台。所以，通过故事育人的方式，辅导员能够点燃更多教育工作者的激情和智慧，共同推动团队建设的发展和创新。

### （三）建立合作机制

在推进辅导员故事育人的团队建设过程中，建立合作机制显得尤为重要。学校通过与其他教育部门和机构建立合作关系，共享资源和交流经验，共同推动故事育人理念在团队建设中的深入实践。这种合作模式不仅有助于扩大故事育人的影响力，还能够促进不同领域之间的交流与融合，为团队建设注入新的活力。

高校可以开展本地区的教育合作，即与多个学校和教育机构联合开展“故事育人共建计划”。在这一计划中，各参与单位共同制定故事育人的团队建设标准，分享优秀的辅导员故事资源，并定期组织经验交流会和培训活动。通过这一合作机制，各学校在教育实践中可以取得显著成效，学生的情感教育和团队凝聚力能够得到显著提升。

此外，合作机制的建立还能够促进资源共享和平台构建。通过搭建线上线下的交流平台，各参与单位可以实时分享最新的故事育人成果和资源，共同推动团队建设经验的积累和传承。这种合作模式不仅提高了资源利用效率，还有助于形成更加完善的团队建设支持体系。

通过建立合作机制，能够将辅导员故事育人的团队建设理念传播到更广泛的领域，吸引更多的教育同仁加入这一行列。在合作中，辅导员可以相互学习、共同进步，为培养更多具有团队精神和情感素养的学生贡献智慧和力量。

### （四）建立故事资源库

在构建高效团队的过程中，建立故事资源库和推动资源共建是一项至关重要的任务。资源库不仅可以汇集优秀的辅导员故事，还能鼓励辅导员成为团队建设的中流砥柱。通过收集、整理和分享这些故事，辅导员能够从中汲取智慧，激发团队成员的共鸣，进一步推动团队的发展。

收集优秀的育人故事是一项系统性的工作。辅导员可以从各个渠道搜集这些故事，包括辅导员的工作日志、学生的反馈、同事的推荐等。这些故事应该具有代表性，能够反映出辅导员在团队建设中的智慧和经验。同时，辅导员还需要对收集到的故事进行筛选和整理，确保它们的质量和真实性。整理和分享这些故事也是一项关键任务。辅导员可以将这些故事按照不同的主题进行分类，如领导力、沟通技巧、团队建设等。这样，团队成员可以根据自己的需求快速找到相关的故事。辅导员还可以通过内部会议、工作坊、线上平台等方式分享这些故事，让更多的团队成员了解和学习。

故事资源库的建立不仅有助于团队成员的个人成长，更能推动团队的整体发展。通过学习和借鉴这些优秀的辅导员故事，团队成员可以提升自己的能力和素质，更好地应对工作中的挑战。同时，这些故事也能激发团队成员的共鸣和参与，增强团队的凝聚力和向心力。故事资源库还可以作为团队建设的参考和借鉴。通过分析这些故事中的成功经验和教训，辅导员可以发现团队建设中存在的问题和不足，从而制定更加有效的改进措施。同时，这些故事也可以作为团队文化的载体，传递团队的价值追求。

在推动资源共建的过程中，学校要鼓励辅导员们共同创作、分享和改进故事育人资源。这种共建模式不仅有助于丰富故事育人的内容，还能够促进辅导员之间的交流与合作。通过共同创作，辅导员可以汇聚更多的智慧和创意，形成更具深度和广度的故事育人资源库。同时，分享和改进的过程也是辅导员们相互学习和提升的过程，有助于提升整个团队的教育水平和能力。

### （五）促进经验交流

为了深化辅导员故事育人团队建设的效果，促进经验交流就成了一项至关重要的任务。通过组织线上线下的经验分享会和工作坊来搭建交流平台，可以让辅导员们相互学习、分享心得，并共同提升故事育人的能力。

线上经验分享会要充分利用现代科技手段，通过视频会议、在线直播等形式，让不同地区的辅导员能够实时互动。这种形式的分享会不仅节省了时间和成本，还扩大了参与者的范围，让更多的辅导员能够受益。在一些线上分享会中，来自全国各地的辅导员们齐聚一堂，共同探讨如何发掘和运用个人故事来增强学生的情感共鸣。实践表明，通过分享合适的实践案例和心得体会，真实、感人的故事往往能够触动学生的内心，激发他们的学习热情和积极性。

线下工作坊则更加注重实际操作和互动体验。通过组织工作坊，辅导员们可以面对面地交流经验、分享技巧，并在实践中不断摸索和进步。在一次以“辅导员故事育人团队建设”为主题的工作坊中，参与者们通过小组讨论、角色扮演等形式，深入探讨了如何引导学生参与故事分享、如何运用故事来增强团队凝聚力等问题。大家纷纷表示，通过这次工作坊的学习和实践，不仅提升了自己的故事育人能力，还结识了许多志同道合的同行，为今后的团队建设提供了有力的支持。

通过组织线上线下的经验分享会和工作坊，不仅能够促进辅导员之间的经验交流，还能够共同推动辅导员故事育人团队建设的发展。未来，应继续加强这一工作，为辅导员们提供更多的学习机会和交流平台，共同推动辅导员故事育人团队建设迈向新的高度。

## 三、实践案例故事

为了更好地履行辅导员工作职责，辅导员除了个人积极主动提升专业素养和业务能力外，还需要有意识地搭建团队和组建工作室，通过抱团的方式来共同提升与进步。本项目组在实践工作中注重工作经验的交流与分享，并且成功申报了省级辅导员名师工作室。在工作室平台的促进下，辅导员团队取得了一定的成绩，尤其是结合湖湘本土文化开展的湘商精神育人工作，得到了业界同行的广泛关注与肯定。以下就是本项目的辅导员名师工作室的建设案例。它不仅是辅导员开展工作室建设的具体工作写照，也可以作为辅导员同行开展团队建设工作的参考。

### 传承湘商文化精神，培育高职“三创”英才

——辅导员名师工作室的建设案例

#### 一、项目实施情况

本工作室从正式立项以来，聚焦职业规划与就业创业指导，紧密围绕立德树人的根本任务，依托学院的“湘商文化育人工程”，将湘商文化滋养、内化到学生“三创”（创新创业创优）教育的各环节，引导学生树立科学的就业创业观和成长成才观。

（一）工作室组建阶段：

2018 年 4 月，主持人阙庆华通过充分调研，考量年龄、学历、素养、专长和职称等因素，从学院挑选专职辅导员、两课教师以及学管与就业干事 14 人左右，初步组建辅导员工作室，聚焦学生的职业规划与就业创业指导。经过近半年的前期准备和建设积累，本工作室终于在 2018 年 9 月立项为湖南省辅导员名师工作室。

本阶段的工作重心是成员之间相互磨合与调研探讨，确定初步分工，思考工作室建设机制。工作室固定交流场所设于学工处辅导员名师工作室。平时，成员们分散在各自工作岗位上认真开展本职工作，主持人不定期组织大

家于辅导员名师工作室就近期工作开展情况进行交流与探讨，并就相关建设问题与任务交换意见。团队成员除了线下磨合，也会进行各种线上交流。在日常工作中，成员们搭建了以下线上交流平台：教师们相互联络的有“辅导员工作室”QQ 群和“辅导员工作室兄弟姐妹”微信群，学生们相互联络的有“工作室同学成员”QQ 群和“乐学好思成长屋”微信群，以及“阙庆华辅导员工作室”公众号（本号于 2018 年 4 月注册时取名为“日迹星光”，后于 2021 年 3 月更名为“乐学好思成长屋”）。

### （二）工作室建设阶段：

1. 建立健全工作室建设机制

工作室主持人按照省教育厅的项目建设要求，结合学校思政教育工作的特色，在广泛调研的基础上撰写工作室建设方案草案，通过所有成员讨论交流后进行修订完善最终形成定稿。建立健全工作室的建设机制后，全体成员严格遵守行动纲领和相关制度，按部就班地开展各项建设工作。

2. 精准把握具体学情，积极开展常规与专项活动

在建设过程中，主持人阙庆华根据实际情况不断完善与优化工作室建设方案，组织开展各类常规与专项活动。平时，团队成员立足本职认真开展辅导员九大领域的常规工作，有意识地结合“湘商文化”开展学生职业规划与就业创业指导。主持人深挖成员各自所长，整体规划开展专项活动。其中阙庆华与周妮负责湘商文化课程育人，伍淑兰负责职业指导与规划，周小芳负责顶岗实习与就业创业指导，刘南云负责开展学生礼仪素养培训，陈慧军负责学生文体赛事活动指导，蔺洋扬负责工作室建设相关影音资料的拍摄收集与编辑整理等。

3. 依托“湘商文化育人工程”平台，搭建多元化“三创”教育体系

（1）组织不同年级的学生开展“三创”主题活动

大一期间开展“创新 · 素养”专题活动，引导学生科学规划大学生涯，释放潜能并找寻创新点，在创新思维中做好人生的加减法。全体成员组织学生开展的各类活动达 80 多场次，活动内容主要涵盖“湘商文化”课程学习、个人发展规划指导与计划撰写、参观湘商文化院、学生礼仪培训、主题读书

月、“湘商文化”主题班团（社团）及艺术节活动等方面。

大二期间开展“创业·能力”专题活动，引领学生进行创业的情感体验，锻炼和提升创业能力。全体成员组织开展的各类活动达60多场次，活动内容主要涵盖指导学生回顾与更新个人发展规划书，继续学习“湘商文化”课程，参加湘商文化论坛，观摩与参加“互联网+”、黄炎培创新创业大赛、大学生挑战杯大赛等赛事，参加“湘商文化”主题班团（社团）及艺术节活动，参与社会实践与暑期三下乡活动等方面。

大三期间开展“创优·成才”专题活动，树立创新创业创优意识，畅通各类就业渠道，及时宣讲就业创业政策，明晰就业观、创业观和成才观。工作室针对学生即将毕业的实际情况，主要通过集体大会与一对一职业指导相结合的方式开展了近50场次的相关活动，主要涉及就业创业指导、顶岗实习指导、求职应聘指导与帮扶、求职创业补贴申请指导、专升本备考、三支一扶与西部计划指导、应征入伍指导等方面。

（2）构筑线上线下互融的“三创”教育体系

工作室依托学院已打造“湘商文化院、湘商文化长廊、湘商创业园、湘商文化专题网”四大阵地，一方面构筑相应的线下“三创”教育阵地，另一方面利用校内外网站、微信公众号、易班等新媒体网络平台开辟线上“三创”教育阵地，将湘商故事、大学生创新创业事迹、优秀毕业生事迹等以新闻报道、音频、视频和推文等形式向广大学生推送。工作室成员还创建了“阙庆华辅导员工作室”“辅导员竹子”“洽人修身”等微信公众号。

### （三）工作室建设总结与推广阶段：

主持人定期组织团队成员通过集体总结研讨和个人交流总结的形式及时总结建设经验。除了在校内各院系进行经验交流与推广，主持人还带领大家积极加入全国辅导员的相关微信群与QQ群进行交流，并形成了数篇相关媒体报道与微信公众号推文。工作室的建设成果得到了省内外许多辅导员的一致好评。工作室在前期经验总结的基础上，按项目建设要求及时向省教育厅提交项目结项材料。

## 二、学校支持情况

学院高度重视思政教育工作，对于大学生思想道德素质提升工程项目的开展在基础设施、制度与经费等方面给予大力支持与保障。

（1）基础设施保障

学院支持与重视“湘商文化育人工程”，大力推进绿色校园建设，优美的校园环境非常适合开展各类学生思政教育工作，为本工作室建设所需的办公场所和设备提供了强有力的基础保障。

（2）制度与经费保障

学院专门出台文件《学院大学生思想道德素质提升工程项目管理办法》（湘商职院发〔2016〕27号），支持和鼓励辅导员参与大学生思政提升工程的相关科研和建设工作，按1：1配套科研经费。学校还从职称评聘、技能培养培训、学习进修科研等方面对辅导员队伍建设进行全面系统的规划。

## 三、工作成效与成果

### （一）学生“三创”意识增强，树立了科学的就业创业观和成长成才观

紧跟“大众创业、万众创新”的时代步伐，我院高度重视培养创新创业人才，出台了一系列措施鼓励创新创业，大大调动了学生的积极性。湘商创业园于2021年获得“省级众创空间”的殊荣，构建了文化引领、精英带动、平台支撑的“1+2+N”创新创业教育模式，在校园举办文创集市，相继开展线上“大学生创新创业指导”、邀请特聘专家开展创新创业大赛知识讲座。众创空间“创业月课堂”还推出创业课程进园区活动。目前，湘商创业园已滚动入驻学生创业团队160余组，成功孵化了软件下载量突破5000万次的湖南机友科技、线上众筹达160万的有味旅行、长沙沃点网络科技等企业百余家；培养了一批如“快翼取”创业项目牵头人秦越、“校易修”创业项目牵头人李帅、“云岫台”创业项目牵头人刘璐璐等创客。学生积极参加各类创业大赛，2019年学院开展的“卓越杯”创新创业大赛和“建行杯”第五届“互联网+”创新创业大赛，吸引2000多人参赛，共计收到423个参赛创业项目，其中1个项目团队获得“互联网+”省赛三等奖。2020年3个项目团队获得

湖南黄炎培职业教育奖创业规划大赛优胜奖，2021 年 1 个项目团队获得“青年红色筑梦之旅赛道”公益组二等奖，刷新了我院“互联网+”省赛最佳成绩。

2019—2021 年我院毕业生的初次就业率分别为 87.16%、79.41% 和 90.40%，均高于全省同类院校平均水平。尤其是在 2020 年受新冠疫情影响的情况下，我院初次就业率还能接近 80%实属不易。我院近 2 年 1000 多名学生成功“专升本”继续深造，60 多名学生应征入伍，10 多人加入“三支一扶”和西部志愿服务项目。团队成员所带学生中 3 人获得国家奖学金，1 人获得“挑战杯——彩虹人生”湖南省职业学校创新创效创业大赛二等奖，5 人获得湘商育才奖学金，28 人获得校级及以上各项荣誉（其中国家级、省级奖项达 19 项），100 多人次获得国家励志奖学金，80 多人被评为省级优秀毕业生，200 多人次获得专业奖学金。侯妍竹所带的 19 电技 2 团支部被中国青年报社评为“活力团支部”，蔺洋扬所指导运营的校易班学生工作站被教育部易班发展中心评为“全国二星级易班学生工作站”。3 年来，工作室坚持对学生进行职业生涯规划指导，多次前往上海、广州、福建、深圳、长沙等地看望和指导学生顶岗实习，共收到学生提交并更新的个人生涯规划书 3000 多份。

### （二）学生对“湘商文化”的认同感增强，参与“湘商文化育人工程”的积极性高涨

湘商文化中所蕴含的“责任、创新、和谐、诚信、务实”的湘商精神，对学生的就业创业与成长成才大有裨益。广大学生在“湘商文化育人工程”的熏陶下，对湘商文化的了解与认同感与日俱增。学生积极参观湘商文化院，认真选修“湘商文化”课程，积极参与湘商文化论坛与各类相关文体活动。尤其是主持人阙庆华所主讲的“湘商文化”校选课，自 2020 年上学期疫情防控期间线上开课以来，四周之内就被 6 个班级的学生创下 10 万+（实际为 11.7 万）的课程浏览量。她所指导的“传承湖湘精神，弘扬湘商文化——商务学子在行动”校级大学生德育实践项目，也得到了广大学生的积极响应。学生还撰写了 300 多篇湘商文化学习心得（在“乐学好思成长屋”微信公众号陆续推发），提交了 500 多个推广湘商文化的作业课件。学生们还积极参与

中国湘商文化高端品牌峰会、“雅韵湘商·湖南九章”经典诵读晚会、湘商论坛峰会、湘商企业走访与社会实践等各类湘商文化主题活动。

### （三）深挖资源优势努力打造核心骨干团队，助力辅导员职业化、专业化和专家化成长

工作室在建设过程中深挖资源优势，开展湘商文化课程教育与研究、职业指导与规划讲座、学生礼仪素养培训、各类文体赛事指导、公民劳动教育等专项工作。目前本工作室已被打造成一个带头人形成核心、骨干形成团队、人才形成梯队的辅导员团队，较好地助力了我校辅导员队伍的职业化、专业化和专家化建设。

主持人阙庆华荣获2019“湖南省高校辅导员年度人物”提名。侯妍竹获得湖南省第八届高校辅导员素质能力大赛决赛（高职高专院校组）一等奖。团队成员共组织开展与主持指导职业生涯规划、礼仪培训等讲座（培训）40多场次，主持省（厅）级课题（项目）9项，参与省（厅）级及以上课题（项目）14余项，发表论文10篇，出版专著1部，参编工作室案例集1本，获得省（厅）级及以上荣誉17项，校级荣誉20余项，2人分别晋升为教授和高级政工师，2人晋升为讲师。团队成员创建与运营微信公众号3个，推发湘商文化学习心得、大学生成长奋斗故事等对学生产生积极影响的推文共计100余篇。蔺洋扬、侯妍竹和阙庆华获得湖南省辅导员工作研究与实践“百佳个人”称号，周妮出版专著《湘商之魂：湘商文化与社会主义核心价值观关系研究》。此外，在心理咨询师、职业指导师、人力资源管理师、礼仪培训师、茶艺师、电商直播销售等职业资格证方面，团队成员几乎人手考取了其中一个或多个。

### （四）其他方面的成效

一方面本工作室紧紧围绕立德树人的根本任务，将湘商文化滋养、内化到大学生“三创”教育的各环节，引导学生树立科学的就业创业观与成才观，拓宽了依托本土特色文化进行文化育人的大学生思想政治教育视域，对商科高职院校的思政教育与职业规划和就业创业指导的耦合进行了初步尝试和积极探索。另一方面工作室搭建了各类交流平台，增进与加强了团队成员之间

的交流以及与全国优秀辅导员团队的沟通，提升了整体业务素养。

## 四、特色与创新

（1）紧跟“大众创业、万众创新”的时代步伐，紧密围绕“立德树人”的根本任务，本工作室聚焦大学生职业规划与就业创业指导，大胆引入地方商业文化——“湘商文化”作为建设引领，本身就是一种特色与创新，不仅是将本土特色文化耦合高校思想政治教育和就业指导工作的探索，也是继承和发扬中华优秀传统文化的创新之举。

（2）着眼于学生一生的成长成才而非其在校期间的某个阶段，精准把握学情，根据不同年级的特点进行常规与专题培养，不仅能引导广大学生树立科学的就业创业观和成长成才观，还能助力整个社会对社会主义合格建设者与接班人以及“大国工匠”的培育。

（3）依托学校“湘商文化育人工程”平台搭建文化、实践、课程、网络、资助多元化的“三创”教育体系，不仅是对学校文化育人工程的延伸与拓展，更是对我国当下科学构建“十大育人”体系、奋力推进“三全育人”新格局的积极探索。

（4）立足湖湘本土特色和高职教育发展，不仅能积极宣传与传播“湘商文化”，而且还能为高职院校培育独具特色的高素质湘商领军人物和大批优秀的技术技能型湘商人才提供实践与理论参考价值，为实施“三高四新”战略、建设现代化新湖南的伟大征程添砖加瓦。

## 五、学生及社会的反响

目前我校的“湘商文化”校园文化氛围浓厚，学生对“湘商文化”的认同感增强，一大批商务学子在校期间就在心中悄然埋下了创新创业创优的种子。工作室微信公众号“乐学好思成长屋”陆续收到多篇学生投稿，主要涉及湘商文化学习心得、湘商创业、大学生成长励志故事等内容，已推发的近100篇，部分推文还被影响力较大的微信公众号“辅导员工作室”转发推广。学生积极参加各类创新创业大赛，其中2019年1个项目团队获得湖南省“互联网+”大学生创新创业大赛三等奖，2020年3支项目团队获得湖南省黄炎培职业教育奖创业规划大赛优胜奖，2021 年 1 个项目团队获得“青年红色筑梦之旅赛道”公益组二等奖，刷新了我院“互联网+”省赛最佳成绩。

我院的“湘商文化育人工程”及学生就业创业与成长成才得到了社会的广泛关注与认可，有多篇相关新闻报道在学习强国、湖南日报、红网、三湘都市报、潇湘晨报、湖南职业教育与成人教育网、湘微职教微信公众号等相关媒体平台上刊发。本工作室的建设成果得到了省内外许多辅导员的一致好评，建设过程与经验还被选入了教育部“高校思想政治工作中青年骨干队伍建设项目”阶段性成果《新时代高校辅导员工作室建设指导手册——全国优秀辅导员工作室案例集》。

# 第四章　故事育人阵地建设

## 第一节　阵地建设的现状与策略

### 一、理论依据

辅导员故事育人阵地建设的理论依据主要源于教育学、心理学以及社会学等多个学科领域。在教育学领域，皮亚杰的认知发展理论为阵地建设提供了重要启示。该理论认为，学生的认知发展是一个逐步建构的过程，需要通过与环境的互动来不断扩展和深化。因此，在阵地建设中，辅导员注重创设丰富多样的教育环境，提供多样化的学习资源和活动平台，以激发学生的主动性和创造性。

心理学领域的马斯洛需求层次理论也为阵地建设提供了理论支撑。该理论认为，人的需求从低到高分为生理需求、安全需求、社交需求、尊重需求和自我实现需求。在阵地建设中，要充分考虑到学生的这些需求，通过构建安全、和谐、积极向上的教育氛围，满足学生的基本需求，进而激发他们的学习热情和潜能。

社会学领域的社区建设理论也为阵地建设提供了有益的借鉴。社区建设理论强调通过整合社区资源、加强社区成员之间的互动和合作，共同推动社区的发展。在阵地建设中，可以借鉴社区建设的理念，注重整合学校、家庭、社会等多方面的教育资源，形成教育合力，共同促进学生的全面发展。

综上所述，阵地建设的理论依据涵盖了教育学、心理学和社会学等多个学科领域。这些理论不仅为阵地建设提供了坚实的理论基础，还指明了实践的方向和路径。在实际操作中，理应根据这些理论依据，结合学校的实际情况和学生的特点，制定切实可行的阵地建设方案，以推动辅导员故事育人工作的深入开展。

## 二、现状分析

当前辅导员故事育人阵地建设的现状呈现出多元化与深入化的特点。一方面，随着教育理念的更新和技术的进步，辅导员们开始积极探索各种形式的阵地建设，如校园文化活动、网络平台等，以丰富多样的方式传递故事育人的理念。近年来，辅导员故事育人的阵地建设呈现出活跃态势。高校辅导员自主建设与积极参与的各类育人阵地越来越多，受影响的学生群体也在不断增加。

另一方面，阵地建设也在逐步深入。辅导员们不再满足于简单的活动组织和宣传，而是开始注重活动的内涵和效果。他们通过引入案例分析、角色扮演等互动式教学方法，让学生在参与中深刻体验故事育人的魅力。同时，辅导员还积极利用网络平台，通过微信公众号、抖音等新媒体渠道，将故事育人的理念传播给更广泛的学生群体。这些举措不仅提高了阵地建设的实效性，也增强了辅导员与学生之间的互动和联系。

不过，当前辅导员故事育人阵地建设仍面临一些挑战。一方面，部分辅导员对故事育人的理念理解不够深入，导致阵地建设缺乏针对性和实效性。另一方面，由于资源有限，一些高校在阵地建设方面的投入不足，难以形成持续有效的育人机制。因此，需要进一步加强辅导员的培训和教育，提高他们的专业素养和育人能力；同时，加大投入力度，为阵地建设提供必要的支持和保障。

辅导员作为高校育人的重要力量，应当肩负起故事育人的使命和责任。通过加强阵地建设，辅导员可以更好地传递故事育人的理念，培养学生的品德和素养，为社会的繁荣和发展贡献自己的力量。

## 三、建设的策略

### （一）确定目标

阵地建设的目标与原则，是辅导员故事育人工作的重要指导。在目标设定上，要致力于构建一个多元化、立体化的育人阵地，通过故事育人的方式，能够提升学生的思想道德素质、文化素养和创新能力。具体而言，可以设定提高学生参与度、增强故事感染力、促进学生全面发展等具体目标，并制定相应的实施计划。

### （二）遵循原则

在原则方面，要坚持以学生为中心，注重学生的主体性和参与性。辅导员要鼓励学生积极参与阵地建设活动，发挥他们的创造力和想象力，让他们在亲身参与中感受到故事育人的魅力。同时，还应注重阵地建设的系统性和整体性，将各个阵地相互连接、相互补充，形成一个完整的育人体系。以校园文化活动阵地建设为例，辅导员可以组织一场以“传承红色基因，弘扬革命精神”为主题的演讲比赛。通过比赛的形式，学生们积极准备、踊跃参与，用生动的语言和感人的故事，传承了红色基因，弘扬了革命精神。这场活动不仅可以提高学生的参与度和积极性，还增强了故事的感染力和影响力，达到了预期的育人效果。

此外，还要注重阵地建设的创新性和实践性。辅导员不断探索新的育人方式和手段，将传统的故事育人方式与现代科技手段相结合，打造具有时代特色的育人阵地。例如，辅导员利用网络平台建设线上故事分享平台，让学生在网络上分享自己的故事和感悟，实现了故事育人的线上延伸和拓展。

综上所述，阵地建设的目标与原则是辅导员故事育人工作的重要指导。通过设定明确的目标和坚持正确的原则，辅导员能够有效地推进阵地建设工作，提升故事育人的效果和质量。将来，辅导员将继续探索和创新阵地建设的方式和手段，为学生的全面发展提供更加有力的支持和保障。

### （三）整合措施

在阵地建设的具体策略与措施方面，要注重多元化、创新性和实效性。首先，要积极打造校园文化活动阵地，通过举办主题鲜明、形式多样的文化活动，如讲座、展览、演出等，让学生在参与中感受文化的魅力，提升综合素质。其次，要充分利用网络平台阵地，通过微信公众号、官方网站等渠道，发布辅导员工作动态、学生成长故事、心理健康知识等内容，为学生提供便捷的信息获取途径和互动交流平台。在近几年的辅导员工作中，本项目组组建团队创建了“乐学好思成长屋”微信公众号，以此为依托有针对性地开展管理服务和思政教育工作。同时，还开展了系列线上主题教育，如线上征文、线上讲座等，引导学生树立正确的价值观和人生观。

此外，在实践工作中还要注重阵地建设的实效性评估与反馈。通过建立完善的成效评估机制，采取问卷调查、座谈会等方式收集学生和教师的意见和建议，来及时调整和优化阵地建设策略。同时，还要及时建立反馈机制，对阵地建设过程中的问题和不足进行及时整改和完善。这种闭环管理的方式确保了阵地建设的持续性和有效性。

综上所述，学校在辅导员故事育人阵地建设的具体策略与措施方面注重多元化、创新性和实效性，通过打造校园文化活动阵地和网络平台阵地，以及建立成效评估与反馈机制，有效提升辅导员故事育人的效果和质量。未来，辅导员仍需继续探索和实践更多阵地建设的策略与措施，为培养更多优秀人才贡献力量。

## 第二节　阵地建设的类型及挑战

### 一、阵地建设类型

#### （一）线上阵地建设

随着信息技术的飞速发展，网络平台已成为辅导员故事育人的重要阵地。线上阵地建设不仅拓宽了故事育人的渠道，还提高了教育的时效性和互动性。通过网络平台，辅导员可以更加便捷地分享故事，吸引学生的关注，实现教育目标。比如辅导员团队可以利用网络平台开展一系列故事育人活动。通过微信公众号、QQ 群等渠道分享励志故事、学术成果和校园生活点滴，可以吸引大量学生的关注和参与；通过设置互动环节，鼓励学生分享自己的故事和感悟。这些活动不仅提高了学生的参与度和满意度，还促进了校园文化的繁荣发展。

不过，在利用网络平台开展故事育人时，辅导员需要精心策划和组织。首先，选择适合网络平台传播的故事至关重要。这些故事应该具有时代性、趣味性和教育性，能够引起学生的共鸣和思考。例如，辅导员可以选取一些与学生学习、生活密切相关的故事，或者结合社会热点事件，引导学生进行深入讨论。其次，对网络平台的选择也很重要，比如易班平台就是一个不错的选择。某校的易班网络平台关注人数超过 2.5 万人，日均阅读量达到 1000 次，能有效扩大辅导员故事育人的影响力。

辅导员需要掌握一定的故事讲述技巧和情感传递方法。在网络平台上，辅导员可以通过文字、图片、视频等多种形式呈现故事，增强故事的感染力和吸引力。同时，辅导员还需要注重与学生的互动，及时回应学生的疑问和反馈，形成良好的教育氛围。

此外，线上阵地建设还需要注重数据分析与效果评估。通过收集和分析学生的参与度、反馈意见等数据，辅导员可以了解故事育人的实际效果，及时调整和优化教育策略。如果发现某个故事的点击率和分享率较低，辅导员可以分析原因并尝试改进故事内容或呈现方式。总之，利用网络平台开展故事育人是辅导员工作的重要创新。通过精心策划和组织线上阵地建设，辅导员可以更加有效地传递正能量、引导学生成长成才。当然，辅导员也需要不断学习和探索新的教育方法和手段，以适应时代的发展和学生的需求。

### （二）线下阵地建设

在辅导员故事育人的阵地建设中，线下阵地建设扮演着至关重要的角色。通过打造实体空间，辅导员可以为学生提供一个沉浸式的、面对面的故事交流环境。这种环境不仅能够增强故事的感染力，还能够促进学生之间的深度互动和情感共鸣。

实体空间的打造需要充分考虑学生的需求和特点。以本项目组所在的学校为例。近年来，学校以米兰花心理健康教育品牌凝聚师生力量，以米兰花育人文化浸润学生心灵，依托咨询、教学、实践三大主阵地，坚持育心与育德相结合，从知、情、意三个方面引领学生，打造米兰花示范心理中心平台、米兰花心育虚拟训练营平台、米兰花心理文化广场、米兰花心理大讲堂四大平台，构建育心与育德协同，防范与教育协同，课内、课外协同，校、院两级协同，家校医三方协同等五大协同机制，着力培养有求助意识、助人情怀、自愈能力、生活激情的四有青年。全体辅导员以此为线下平台阵地，为每一位学生提供心理健康教育与咨询服务。另外，在线下育人阵地建设过程中，每一个院系的学工部门还设立专门的故事角，配备舒适的座椅和温馨的装饰，营造出一个轻松愉快的氛围。在这样的环境中，学生可以自由地分享自己的故事，倾听他人的经历，从而建立起深厚的情感纽带。

此外，实体空间的建设还可以结合具体的教育目标和内容。比如本项目组所在学校的二级院就成立了“会”乐分享特色成长辅导室。作为会计学院“心理育人”的主阵地，从建设至今已经 11 年，辅导室将心理健康教育与专业特色相融合，先后开展了“中西方文化交流”辅导活动，梳理应试小技巧，缓解心理焦虑；开展“用音乐疗愈心理”辅导活动，通过传授欣赏音乐的经验和方法，启发学生对和谐心灵的重视；开展“骊色骏马，飞云踏海”辅导活动，帮助同学们塑造自我形象，提升自信心，引导同学们在实践中体验、在体验中觉察，在觉察中分享、在分享中领悟、在领悟中收获，从而实现自我成长、自我优化和自我突破。

辅导员通过精心策划和参与组织校园文化艺术节、社团文化节等各类文化活动，将育人理念融入其中，让学生在参与活动的过程中感受到文化的魅力和价值。比如在举办文艺演出时，辅导员可以邀请校内外的专业导演和演员进行指导，确保节目的专业性和观赏性。同时，辅导员还可以积极与校外文化机构合作，共同举办书画展览、诗词朗诵等活动，拓宽学生的文化视野。通过这些校园文化活动阵地建设案例的分析，辅导员可以发现，辅导员在故事育人方面发挥着重要作用，不仅提升了活动质量和影响力，也为学生提供更加优质的文化体验。

辅导员还可以设计一系列以故事为主题的线下教育活动，如故事分享会、角色扮演、情景剧等，让学生在参与活动的过程中，不仅能够感受到故事的魅力，还能够学习到相关的知识和技能。线下阵地建设对于提高学生的参与度和满意度具有显著的效果。通过实体空间的打造，学生的参与度可以大大提高，同时学生的满意度也能够得到大幅提升。

故事育人线下阵地的建设不仅能提高学生的参与度，还能促进彼此之间的交流和合作。通过打造实体空间，辅导员可以为学生提供一个沉浸式的、面对面的故事交流环境，促进学生的深度互动和情感共鸣。实体空间的建设还可以结合具体的教育目标和内容，提高学生的参与度和满意度。因此，辅导员应该充分重视线下阵地建设在辅导员故事育人中的作用，不断探索和创新实体空间的建设方式和方法。

### （三）虚实结合的阵地打造

在构建线上线下联动的故事育人环境中，要充分利用现代科技手段，将传统的线下故事交流与线上互动平台相结合，打造一个全方位、立体化的虚实结合故事育人阵地。通过线上平台，能发布辅导员创作的故事，利用大数据分析学生的阅读习惯和兴趣偏好，精准推送符合学生需求的故事内容。同时，可以通过线上讨论区，鼓励学生分享自己的故事感悟，形成互动交流的良好氛围。

线下阵地方面，可以打造多功能的故事交流空间，包括故事角、故事剧场等，为学生提供身临其境的故事体验。通过定期的线下活动，如故事分享会、角色扮演等，辅导员引导学生深入参与，增强他们的情感体验和认知深度。此外，还可利用 AR（增强现实）、VR（虚拟现实）等先进技术，为学生打造沉浸式的故事场景，让他们仿佛置身于故事之中，感受故事的魅力。

虚实结合的故事育人环境不仅提高了学生的参与度，也显著提升了教育效果。在辅导员的工作中，通过采取线上线下联动的故事育人模式，学生的阅读量增长较快，讨论区的活跃度也大大提高，学生的情感认同和价值观塑造也取得了显著成效。另外，学生在故事中发现问题、思考问题、解决问题的能力也得到了提升。

随着技术的不断进步和教育的不断创新，虚实结合的故事育人阵地将发挥出更大的潜力，为学生的全面发展提供更加有力的支持。

## 二、面临的挑战及其对策

在故事育人的阵地建设过程中，面临的挑战与问题不容忽视。首先，随着教育环境的快速变革，辅导员的角色定位与职责范围也在发生深刻变化。他们不仅要承担传统的教育管理职责，还要在故事育人中发挥关键作用，这对辅导员的专业素养和综合能力提出了更高要求。然而，现实中，部分辅导员在故事创作和讲述技巧上还存在不足，难以有效发挥故事育人的作用。

其次，阵地建设过程中的资源投入与配置也是一个重要问题。线上阵地建设需要投入大量的人力、物力和财力，而线下阵地建设则需要合适的场地和设施。然而，由于资金和资源有限，很多学校难以充分满足这些需求，导致阵地建设的效果不尽如人意。

另一个值得关注的问题是学生参与度的差异。不同学生对故事育人的接受程度和参与度各不相同，这在一定程度上影响了阵地建设的整体效果。如何激发更多学生的参与热情，提高故事育人的覆盖面和影响力，是辅导员需要深入思考的问题。

面对故事育人阵地建设中的挑战和问题，需要采取一系列应对策略。首先，加强辅导员的专业培训是关键。通过定期举办故事创作与讲述工作坊，提升辅导员的叙事能力和情感传递技巧。例如可以邀请经验丰富的教育者或作家分享他们的故事创作经验，让辅导员从中汲取灵感和技巧。此外，还可以组织辅导员进行故事讲述的实践演练，通过互相点评和反馈，不断提高他们的故事讲述水平。

其次，加强阵地建设的资源整合也是必不可少的。辅导员可以充分利用学校、社会和家庭等各方资源，共同推动故事育人阵地的发展。与图书馆、博物馆等文化机构合作，可以为学生提供丰富的故事素材和实践机会；还可以与家长沟通合作，共同营造家庭故事育人的良好氛围。通过整合各方资源，可以为辅导员提供更多的故事育人资源和支持。

当然，建立学生参与度与反馈机制也至关重要。辅导员可以通过设置问卷调查、小组讨论和个别访谈等方式，收集学生对故事育人活动的意见和建议。这些数据可以为辅导员提供宝贵的反馈，帮助辅导员了解活动的实际效果和改进方向。同时，辅导员还可以根据学生的参与度和反馈情况，对活动进行动态调整和优化，以满足学生的需求和期望。

最后，还需要关注辅导员的个人成长和发展。通过提供职业发展规划、激励机制和评价体系等支持，激发辅导员的积极性和创造力。同时，还可以建立辅导员之间的交流和分享平台，让他们互相学习、共同进步。这样不仅可以提升辅导员的专业素养和综合能力，还可以为故事育人阵地建设注入新的活力和动力。

展望未来，阵地建设的趋势与方向将更加注重数字化、个性化和国际化。随着信息技术的飞速发展，数字化阵地建设将成为主流。通过构建智慧校园平台，辅导员可以更加便捷地与学生进行互动交流，实现信息的即时传递和反馈。同时，个性化教育也将成为阵地建设的重要方向。每个学生都是独一无二的个体，辅导员需要深入了解每个学生的特点和需求，制定个性化的育人方案，提供个性化的职业指导和咨询服务，帮助他们实现全面发展。此外，国际化也是阵地建设不可忽视的趋势。随着全球化的深入发展，辅导员需要引导学生树立正确的国际视野和跨文化交流能力，培养他们的全球竞争力。

# 第五章　思政教育中的故事育人

## 第一节　思想理论教育和价值引领中的故事育人

在辅导员的九大工作职责中，思想理论教育和价值引领无疑占据了举足轻重的地位。辅导员作为大学生思想政治教育的骨干力量，其角色和作用不容忽视。辅导员通过日常的思想政治教育，引导学生树立正确的世界观、人生观和价值观。广大青年学生认为辅导员在帮助他们建立正确的价值观方面起到了重要作用。

故事育人作为一种创新的教育方法，在思想理论教育中具有显著的优势。辅导员通过故事育人方式进行的思想理论教育能够显著提高学生的参与度和兴趣，同时也有助于学生更好地理解和记忆相关知识点。故事育人不仅能够激发学生的学习兴趣，有助于培养他们的综合素质和社会责任感，还能够提高教育效果。

### 一、思想理论教育与价值引领的职责内容

#### （一）对学生进行思想理论教育

在日常工作中，辅导员要引导学生深入学习习近平总书记系列重要讲话

精神和治国理政新理念新思想新战略，深入开展中国特色社会主义、中国梦宣传教育和社会主义核心价值观教育，帮助学生不断坚定中国特色社会主义道路自信、理论自信、制度自信、文化自信，牢固树立正确的世界观、人生观、价值观。辅导员还需掌握学生思想行为特点及思想政治状况，有针对性地帮助学生处理好思想认识、价值取向、学习生活、择业交友等方面的具体问题。

### （二）引导学生树立正确的世界观、人生观和价值观

顾名思义，世界观是人们对整个世界的总的看法和根本观点。人生观是指人们对生存的意义和价值的理解。价值观是人们判断事物价值的基础和核心信念。辅导员在引导学生树立正确的世界观、人生观和价值观方面扮演着至关重要的角色。他们不仅是学生学业上的指导者，更是学生人生道路上的引路人。在这个信息爆炸、价值观多元的时代，帮助学生建立正确的世界观、人生观和价值观，培养社会主义核心价值观，对于他们的成长和发展具有深远的影响。

## 二、思想理论教育与价值引领的现状与挑战

### （一）思想理论教育与价值引领的现状

当前思想理论教育的现状呈现出多元化、复杂化的特点。随着社会的快速发展和信息技术的广泛应用，学生们接触到的信息来源日益丰富，思想观念也日趋多元化。然而，传统的思想理论教育方式往往侧重于灌输和说教，不利于价值引领，缺乏对学生个体差异和内心需求的关注，导致教育效果不佳。

随着互联网的普及，学生获取信息的渠道更加多元化，但信息的质量却参差不齐，容易受到不良信息的干扰。这就导致当前青少年学生对思想理论教育的接受度普遍较低，认为其内容抽象、枯燥、难以理解。同时，近年来大学生对思想理论课程的满意度普遍不高，其中很大一部分原因在于教学内容与现实生活脱节，缺乏吸引力和说服力。此外，一些教育机构在思想理论教育方面存在重形式、轻内容的问题，过于强调考核和分数，而忽视了对学

生思想观念的引导和价值观的引领。

思想理论教育和价值引领的方式和内容缺少与时俱进的关注。在实际过程中，对学生的个体差异和内心需求把握不及时不到位，没及时采用灵活多样的教学方法和手段激发学生的学习兴趣和积极性。教学内容偏重于宏大叙事，与社会、生活及学生结合不够紧密，没有特别注重理论与实践相结合，教育的针对性和实效性不强。另外，对于思想理论教育的评估和反馈机制建立健全意识不够强，及时发现和解决教育中存在的问题和不足等方面还存在欠缺。

### （二）思想理论教育与价值引领面临的挑战

在思想理论教育和价值引领方面面临的诸多挑战中，最为显著的是教育内容的更新与深化。随着社会的快速发展和科技的日新月异，传统的思想理论教育内容已经难以满足现代学生的需求。近年来，互联网和社交媒体的普及使得信息传播速度加快，学生接触到的信息量和种类远超以往。许多教育机构在教学内容上仍然停留在过去，缺乏与时俱进的教育资源和方法。这导致学生在接受思想理论教育时感到枯燥无味，难以产生共鸣。

教育方法的单一性也是思想理论教育面临的一大挑战。传统的填鸭式教学已经无法满足现代学生的学习需求。学生渴望参与、互动和实践，而不是被动地接受知识。教育环境的复杂性也给思想理论教育带来了挑战。在当今社会，各种思潮和观念交织在一起，学生很容易受到不良信息的影响。

辅导员需要探索多元化的教学方法，如案例教学、情景模拟、小组讨论等，以激发学生的学习兴趣和积极性。辅导员还需加强对学生的引导和教育，帮助他们树立正确的世界观和价值观。

## 三、思想理论教育和价值引领中故事育人的意义

故事育人作为一种独特的教育理念，它强调通过生动、有趣的故事来传递知识、价值观和人生哲理，从而激发学生的学习兴趣，培育社会主义核心价值观，以此促进他们的全面发展。价值引领在青少年成长过程中的作用至

关重要。那些接受了良好价值引领的学生，在道德观念、社会责任感、创新能力等方面都表现出色，更容易成为社会的栋梁之材。以孔子为例，他提出的“仁爱”思想，强调人与人之间的关爱和尊重，对后世的教育产生了深远的影响。这种价值引领不仅塑造了个人的品格，更推动了社会的进步。

故事育人在思想理论教育与价值引领中的重要性，体现在其通过生动的故事情节和角色塑造，将价值观融入其中，使受教育者在潜移默化中接受并内化这些价值观。这种教育方式不仅提高了受教育者的学习兴趣和参与度，还增强了教育的针对性和实效性。例如，在青少年教育中，通过讲述英雄人物的故事，可以激发青少年的爱国情怀和英雄主义精神，引导他们树立正确的价值观和人生观。同时，故事育人还注重受教育者的情感体验和情感共鸣，通过情感化的教育方式，使受教育者在情感上产生共鸣和认同，从而更加深入地理解和接受所传递的价值观。

因此，辅导员应该重视故事育人在思想理论教育和价值引领中的重要意义。首先，故事育人能够帮助学生更好地理解和记忆思想政治理论知识。研究表明，通过故事形式呈现的信息更容易被大脑接受和记忆。例如辅导员通过讲述革命历史人物和事件，可以使学生更加深入地了解历史背景和社会变迁。这种教学方式不仅能提高学生的学习兴趣，还可以增强其历史意识。其次，故事育人有助于培养学生的情感和价值观。故事往往蕴含着丰富的情感和价值观，通过故事的讲述，可以引导学生体验和理解不同的情感，形成积极向上的价值观。例如在德育教育中，通过讲述英雄人物的故事，可以激发学生的爱国情怀和社会责任感。此外，故事育人还能够促进学生的创造力和想象力的发展。故事往往具有开放性和多样性，可以激发学生的想象力和创造力，促使他们主动思考和探索。

## 四、思想理论教育和价值引领中故事育人的运用

### （一）要有机融入思想理论教育

故事育人作为一种独特的教育方法，在思想理论教育和价值观引领中发

挥着不可替代的作用。通过将故事融入思想理论教育，可以使学生更加深入地理解抽象的理论知识，增强其对理论的认同感和接受度。故事育人还能够激发学生的情感共鸣，使其在情感上更加投入和关注教育内容，从而提高教育效果。

结合工作实际，辅导员运用故事育人理念可以通过课堂教育、主题活动、主题班会、个别谈心等多种方式开展思想理论教育，引导学生树立正确的世界观、人生观和价值观。在近年来的“四史”学习教育中，辅导员要积极组织学生学习党的历史、新中国史、改革开放史、社会主义发展史，通过生动的案例和深入的分析，帮助学生深刻理解中国特色社会主义道路的历史必然性和正确性。

辅导员在思想政治教育中也要注重理论与实践相结合。辅导员要鼓励学生参与社会实践、志愿服务等活动，不仅让学生在实践中感受社会的温暖和责任，还能丰富学生的课余生活，有效提升其社会责任感和实践能力。

在实施故事育人的过程中，辅导员还需要精心选择适合的故事，确保故事与思想理论教育的内容紧密相连。例如在讲述社会主义核心价值观时，辅导员可以引入一些体现这些价值观的真实故事。通过“最美逆行者”的抗疫故事，生动形象地展示社会主义核心价值观的实际意义，使学生在听故事的过程中自然而然地接受这些价值观。

故事育人还需要辅导员注重学生的参与和体验。辅导员可以组织学生进行角色扮演、情景模拟等活动，让学生亲身参与到故事中，从而更加深入地理解和体验故事所蕴含的思想理论。育人故事要结合具体的教育目标和学生的实际情况进行针对性的设计，并根据学生的反馈和表现不断调整和优化故事育人的策略和方法，以确保其持续有效。

辅导员还要充分利用新媒体平台，创新思想政治教育方式。他们可以通过微信公众号、抖音等平台发布教育内容，与学生进行互动交流，使思想政治教育更加贴近学生、贴近生活、贴近实际。这种新颖的教育方式不仅提高了学生的学习兴趣，也增强了教育的针对性和实效性。

### （二）要凸显价值观引领

世界观是人们对整个世界的总的看法和根本观点。辅导员应通过课堂讲解、主题班会等形式，引导学生关注国际形势，了解不同文化，培养他们的全球视野和开放思维。可以组织学生观看国际新闻，分析国际事件，让他们了解世界的多样性和复杂性，从而培养他们的国际意识和跨文化交流能力。

人生观是指人们对生存的意义和价值的理解。辅导员应通过个别谈话、心理辅导等方式，帮助学生认识自我，明确人生目标，树立积极向上的生活态度。辅导员可以通过邀请成功校友分享他们的奋斗历程和人生感悟，激发学生的奋斗精神和自我实现的愿望。

价值观是人们判断事物价值的基础和核心信念。辅导员应通过主题教育、实践活动等方式，引导学生树立正确的价值导向，注重个人价值与社会价值的统一。例如，可以组织学生参与志愿服务、社会实践等活动，让他们在实践中体验奉献和付出的快乐，培养他们的社会责任感和公民意识。

辅导员还可以利用数据分析模型来评估学生的价值观倾向，以便更有针对性地开展引导工作。例如可以通过问卷调查、心理测评等方式收集学生的价值观数据，运用统计分析方法找出学生价值观的主要特点和存在问题，然后制定相应的引导策略。

### （三）积极提升育人实效

故事育人在思想理论教育中的实际效果显著，这一点得到了广泛的认可。通过引入生动的故事情节，辅导员能够更有效地传递思想理论的核心价值观，激发学生的学习兴趣和主动性。实践表明，如果在思想理论课程中采用故事育人方法，学生不仅参与度会提高，而且对课程内容的理解和记忆也更加深刻。

在实际育人工作中，以历史人物和事件为蓝本的故事，能够帮助学生更好地理解思想理论的历史背景和演变过程。例如，通过讲述马克思和恩格斯的生活经历和思想形成过程，学生能够更加深入地理解马克思主义的基本原理和核心思想。这种以故事为载体的教学方法，不仅提高了学生的理论素养，还培养了他们的历史责任感和使命感。

故事育人方法还能够有效促进学生的情感认同和价值观的塑造。通过讲述具有情感共鸣的故事，教育者能够引导学生深入思考人生意义和社会责任，从而培养他们的公民意识和道德观念。在故事育人理念的影响下，学生在道德判断和行为选择上表现出更高的自觉性和责任感。

综上所述，故事育人在思想理论教育中的实际效果不容忽视。通过引入生动的故事情节，辅导员能够更有效地传递思想理论的核心价值观，激发学生的学习兴趣和主动性，促进他们的情感认同和价值观的塑造。因此，辅导员应该在思想理论教育中充分发挥故事育人的优势，不断创新教学方法和手段，提高教育质量和效果。

## 五、实践案例故事

### （一）通过故事开展诚信教育

一位辅导员在面向大学生开展诚信教育时，她契合湖湘地域文化特色，借鉴湘商精神的“诚信”精髓，用《九芝堂：宁愿丢市场也要保质量》的故事教育学生要恪守诚信，厚植质量意识。

#### 九芝堂：宁愿丢市场也要保质量

1938 年长沙文夕大火，一夜之间，古城化为废墟，九芝堂店面尽毁，大量珍贵药材化为灰烬。此时正值战乱，民众用药需求激增，药品异常紧缺。然而就在此时，九芝堂却将一船未影响药性但发了霉的黄芪全部烧掉，令市民不解。

**火烧霉黄芪　九芝堂良心不能“霉”**

1938 年，九芝堂从北方购进了一批黄芪，由于战事吃紧，旱路不通，不得不改以水路运回长沙。等船摇到长沙时，满满一船的黄芪都因受潮而长了霉。资金的短缺、药材的匮乏、战乱的纷扰……这一切压得九芝堂喘不过气来。

当时有人提出，表面发霉的黄芪并未严重影响其药性，洗净晒干之后做药用未尝不可。九芝堂时任掌门人拍案而起，当众说道："药者当付全力，医者当问良心。世代古训，岂容我辈放肆！然黄芪之霉可晒干，吾辈良心却已霉也！"当即下令将此批黄芪烧毁。

为昭示决心，九芝堂将船上黄芪搬到湘江边当众就地烧毁。百姓听说九芝堂要将自己用所剩无几的钱买来的紧缺药材烧掉，纷纷到场围观。火烧黄芪持续了一个多小时，围观者无不动容。至此，九芝堂视品质为生命、严守药者诚信的美谈在三湘大地更为广泛流传开来。

"九芝堂的曾经，可以为了药品质量在艰难生存之时火烧黄芪，九芝堂的今天，同样继承了先辈'品质第一、药者仁心'的传统精神。"九芝堂股份有限公司总经理徐向平承诺。

## 以诚换信　铸就药者仁心

从"劳九芝堂药铺"（九芝堂前身）起，对于成药原料的要求非常严格，非地道的上等好药材不用。如肉桂选用越南产的上桂，鹿茸用锯茸、西茸，每逢生产参桂鹿茸丸时，总要将养得膘肥体壮的鹿拴在店门外展示一两天，然后敲锣打鼓当众将鹿茸割下，以示货真价实。制丸散用的麝香选自四川万县，广皮则用潮州所产。

同时，在成药制作工艺及包装上也非常讲究，如熬制膏药的葱油要预先熬成黑色膏状油质，黄丹按季节下料，熬炼时掌握火候，药料须待油料熬至滴水成珠时方可拌入，收膏时趁热洒水入锅，让水蒸气把油烟带走。

"如此制成的膏药有明如镜、黑如漆、热天不流汁、冬天不硬不脱、香味浓的优点。流传至今的清朝末年的一个劳九芝堂铁质药品包装盒上，隐约可见这样两行字'修合无人见，存心有天知'。"九芝堂采购部老专家易振球介绍说。

今天的九芝堂对质量的要求更是近乎苛刻。原材料采购上遵循“保质、保量、经济、及时”的原则，将原材料的质量放在首位，凡是不符合质量标准的原材料，无论价格多么便宜，一概不用。首创原药材“双盲采购招标法”在供应商中形成了良好的口碑，吸引了一大批有资质、有实力的供应商与公司建立长期战略合作伙伴关系。

“我们的采购淘汰率达到了30%，宁可丢掉部分市场，也要保证品质纯正。”徐向平说。

在原材料选购中，九芝堂坚持“原产地直采”的方式保证药材品质；在生产过程中，九芝堂斥资打造了全过程信息化自控系统，从室温控制到选料投料再到加工提取，所有的工艺都进行程序化规范，有效规避了人工误差，保证了工艺流程的规范和严谨；在质量控制体系中，九芝堂一直使用高于国家标准的质控体系严控产品品质，并建立了快速及时的不良反应监测机制，对消费者的用药风险形成预控，几年来九芝堂一直被长沙市药监局评为不良反应监测先进单位。同时，九芝堂拥有300多个产品批文，拥有多个全国知名并拥有独特市场竞争力的品牌产品。

（资料来源：https：//news. sina. com. cn/o/2014-06-23/000830404154. shtml.）

辅导员在讲述这个故事时，还可以引导学生明白讲诚信最重要的是把诚信作为企业经营的一种习惯，同时也要化为内心的一种习惯。从社会层面来看，企业讲诚信可以促进整个社会诚信公正的形成，这也是企业的一种社会责任。对学生个人而言，在各类考试中务必诚信参考，为人要正直清廉。

### （二）分享辅导员工作案例故事

对大学生开展思想意识形态教育也是辅导员工作职责之一，以下是辅导员关于大学生思想意识形态教育的一个工作案例：《确保每一位大学生的思想意识形态领域红旗飘飘——一则大学生思想意识形态问题的处理与启示》。这不仅仅是辅导员工作的一个案例故事，还可以将之作为辅导员同行开展相关工作的参考。

【案例概述】

上学期在我所带班级中有个号称政治“里手”的学生小李，他平时自认为非常懂得政治理论和国际政治局势，于是经常在宿舍以及课间休息时发表一些过激的政治言论，他的行为已经影响到了班级其他学生，团支书告诉我眼下很多同学的政治思想都比较偏激。

一、案例定性分析

作为一名拥有多年大学生思政理论教育工作经验的辅导员，我一听到团支书的反馈，立马意识到这是一个涉及学生思想政治意识形态领域的问题。如果小李同学的思想意识形态问题不解决，就不能很好地扭转和引导班级思想意识形态局势，从而辅导员对青年大学生开展思想理论教育与价值引领的工作将寸步难行。

二、解决思路

经过仔细分析和认真思考，我对此事的解决思路是：首先找小李同学谈心谈话，肯定他的同时也要指出他存在的问题；其次，第一时间深入班级了解和摸排相关情况，掌握班级思想意识的局势；再次，争取第一时间与思政课老师沟通，拿出最佳方案共同对班上同学目前偏激的政治思想加以引导与扭转；最后，及时向领导汇报，并与同行探讨，总结提炼，撰写案例启示。

三、实施办法

作为辅导员，我深知在处理有关人的思想意识形态领域方面的问题时绝非易事，何况是遇上自认为又懂点政治理论又“三观”还未完全定型的青年大学生，要处理好这样的问题就更是难上加难了。但《普通高等学校辅导员队伍建设规定》（教育部令第43号）强调对学生进行思想理论教育与价值引领是辅导员的主要工作职责之一。因此，我不但要履行好这个主要的工作职责，还应当努力成为学生成长成才的人生导师和健康生活的知心朋友。于是，我以此为工作信条，结合十多年的工作实践经验，找到了解决上述问题的具体实施办法。

（一）我主动找小李同学谈心谈话，首先真诚地肯定其聪明好学且主动学习钻研政治理论和国际时政局势的优点，同时也有理有据地引导他认识到自己目前所掌握的政治理论知识是不全面的，甚至有些是不准确的，作为一名新时代的青年大学生，他目前的做法在班级里引发很多同学政治思想偏激的局面是非常错误的；（二）作为辅导员，我第一时间深入班级了解和摸排相关情况，找典型代表谈心谈话，及时了解和摸排班级整体意识形态的状况，并利用一切合适的时机开展相关主题班会、观看相关纪录片等活动引领积极的意识形态；（三）我还及时与思政课部的老师沟通，了解班级平时思政课堂的相关情况，结合班级具体情况共同商议拿出行之有效的对策与方案，并通过开展相关活动以此扭转当前局面；（四）我及时向系部领导汇报与反馈，积极与同行切磋探讨，在班级里继续开展思想政治理论教育与社会主义核心价值观引领的相关活动，以此消除班级当前现象。（五）我要以此为例，在平时的辅导员工作中更要积极探索与积累，做到以此类推和举一反三。

## 四、相关启示与思考

作为一名与学生朝夕相处的高职专职辅导员，我始终恪守《普通高等学校辅导员队伍建设规定》（教育部令第43号）中的辅导员工作职责，倾全力对大学生进行思想理论教育与价值引领，努力成为学生成长成才的人生导师和健康生活的知心朋友。在顺利处理完上述问题后，我想谈谈自己的几点启示与思考。

（一）作为一名一线辅导员，平时务必花大功夫坚守“教室”与“宿舍”两大思政德育阵地，经常第一时间深入学生课堂、宿舍、活动等场所，及时了解和把握学生的思想、学习、生活、情感等各类情况；（二）辅导员要及时建立班级信息联络反馈机制，选拔好合适的信息联络员并加强引导和管理，以便第一时间收集到班级里的相关信息；（三）辅导员要在课堂内外及时与思政老师沟通交流和共同探讨；（四）辅导员在日常工作之余还需要努力提升自身的政治理论水平，及时关注国际时政局势；（五）在眼下这个伟大的社会主义新时代里，辅导员要善于开辟网络思政阵地，并用学生乐于接受的方式开展政治理论教育和社会主义核心价值观引领；（六）辅导员要有牢牢把握大学生意识形态领域话语权的知识理论储备和思想意识，主动关注时政局势；（七）辅导员还要有及时与领导汇报反馈、与同行探讨交流的协同工作的理念；（八）辅导员还需要养成实践探索与理论研究并举的好习惯，养成及时撰写工作日志与工作案例的好习惯。

## 第二节　网络思政教育中的故事育人

随着信息技术的飞速发展，网络思想政治教育在高校教育中的地位日益凸显。大学生面临着多元文化的冲击和复杂的社会环境，传统的灌输式教育方式已难以满足他们的成长需求。因此，辅导员作为网络思想政治教育的重要实施者，其育人策略与方法的创新显得尤为关键。在这一背景下，将“故事育人”策略引入网络思想政治教育，不仅符合当代大学生的学习特点，也是提升教育效果的重要途径。

### 一、大学生网络思政教育的现状分析

#### （一）大学生网络行为特点分析

随着互联网的普及和发展，大学生的网络行为呈现出一些显著的特点。首先，大学生作为数字时代的原住民，他们的网络使用频率和时间普遍较长。大学生每天花在网络上的时间较长，其中大部分时间用于社交媒体、在线学习和娱乐等活动。这种高度的网络依赖使得网络成为大学生获取信息、交流思想和娱乐休闲的重要平台。

其次，大学生的网络行为具有多样性和创新性。他们善于利用网络平台进行创新和表达，如通过微博、抖音等社交媒体分享生活点滴、展示个人才艺，或者参与网络讨论、发起话题等。这种多样化的网络行为不仅丰富了大学生的精神生活，也为他们提供了展示自我、实现价值的舞台。

然而，大学生网络行为的特点也带来了一些挑战。例如网络信息的海量

性和碎片化容易导致大学生注意力分散，影响学习效果。此外，网络社交的匿名性和虚拟性也可能导致一些大学生出现网络道德失范、网络欺凌等问题。因此，在大学生网络思想政治教育中，需要针对这些特点制定有效的策略和方法，引导大学生健康、理性地使用网络。

因此，在大学生网络思想政治教育中，辅导员需要深入研究和理解大学生的网络行为特点，把握其背后的心理需求和社会背景，从而制定出更加贴近实际、具有针对性的教育方案。

大学生网络行为的特点既为网络思想政治教育提供了广阔的空间和机遇，也带来了挑战和考验。辅导员需要以开放的心态和创新的思维，不断探索和实践大学生网络思想政治教育的有效路径和方法，为培养担当民族复兴大任的时代新人贡献力量。

### （二）大学生网络思政教育现状

当前，大学生网络思想政治教育面临着诸多挑战和机遇。随着信息技术的快速发展，网络已成为大学生获取信息、交流思想、表达情感的重要平台。然而，网络环境的复杂性和多元性也给大学生网络思想政治教育带来了诸多困难。

目前我国大学生网民规模较大。庞大的用户群体使得网络成为大学生思想政治教育不可忽视的重要阵地。然而，网络信息的海量性和匿名性也使得一些不良信息、错误思潮得以传播，给大学生的思想带来冲击和干扰。以“网络谣言”为例，近年来，一些网络谣言在大学生中广为传播，如“某大学发生严重事故”“某教授涉及丑闻”等。这些谣言往往缺乏事实依据，但却能迅速在大学生中引起恐慌和误解。这不仅影响了大学生的思想稳定，也给高校的声誉和形象带来了负面影响。

大学生网络思想政治教育的现状还包括在教育内容和方法上的不同。传统的思想政治教育往往注重理论灌输和说教，缺乏针对性和实效性。而网络环境下的思想政治教育则需要更加注重学生的主体性和参与性，通过互动式、体验式的教学方式来提高学生的思想认识和政治素养。

综上所述，大学生网络思想政治教育需要不断创新和发展，以适应时代的需求和学生的特点。通过构建新的教育模式、加强队伍建设、创新内容与方法等手段，辅导员可以更好地引导大学生树立正确的世界观、人生观和价值观，为培养德智体美劳全面发展的社会主义建设者和接班人贡献力量。

### （三）大学生网络思政教育存在的问题

当前，大学生网络思想政治教育面临着一系列问题。其中，最为突出的是教育内容与方法滞后于网络技术的发展。随着互联网的普及和智能化程度的提升，大学生的网络行为日益多样化，但许多高校的网络思想政治教育内容仍停留在传统的理论灌输和简单说教上，缺乏吸引力和感染力。例如，一些高校在开设网络思想政治教育课程时，仍采用传统的讲授方式，缺乏互动性和趣味性，导致学生参与度低，效果不佳。

大学生网络思想政治教育的师资力量不足也是一个亟待解决的问题。许多高校缺乏专业的网络思想政治教育教师，现有教师的网络素养和教育教学能力参差不齐，难以适应网络环境下的大学生思想政治教育需求，这在一定程度上制约了大学生网络思想政治教育的深入开展。

大学生网络思想政治教育的评估机制不完善也是一个不容忽视的问题。目前，许多高校尚未建立起科学有效的网络思想政治教育评估体系，无法准确评估教育效果，也无法及时发现和解决存在的问题。这导致大学生网络思想政治教育的质量和效果难以保证，也无法为今后的工作提供参考和借鉴。

针对以上问题，辅导员需要创新大学生网络思想政治教育的路径。首先，要紧跟网络技术的发展步伐，不断更新教育内容和方法，增强教育的吸引力和感染力。其次，要加强网络思想政治教育师资队伍建设，提高教师的网络素养和教育教学能力。最后，要建立起科学有效的评估机制，准确评估教育效果，及时发现和解决存在的问题，推动大学生网络思想政治教育的持续改进和发展。

因此，辅导员必须以创新的思维和方法来推进大学生网络思想政治教育，不断提高教育的质量和效果，为培养德智体美劳全面发展的社会主义建设者和接班人作出更大的贡献。

## 二、网络思政教育中辅导员的职责

教育部43号令中明确指出：在网络思想政治教育中，辅导员的工作职责是运用新媒体新技术，推动思想政治工作传统优势与信息技术高度融合。构建网络思想政治教育重要阵地，积极传播先进文化。加强学生网络素养教育，积极培养校园好网民，引导学生创作网络文化作品，弘扬主旋律，传播正能量。创新工作路径，加强与学生的网上互动交流，运用网络新媒体对学生开展思想引领、学习指导、生活辅导、心理咨询等。

因此，在高校网络思想政治教育中，辅导员的角色与定位至关重要。他们不仅是学生日常思想政治教育的主要承担者，更是网络思想政治教育的重要推动者和实践者。辅导员需要深入了解网络思想政治教育的特点和规律，掌握网络育人的新方法和新手段，以更好地引导学生健康成长。

近年来，随着互联网的快速发展，辅导员面临着前所未有的挑战和机遇。据统计我国大学生网民规模庞大，这一庞大的群体为辅导员提供了广阔的网络思想政治教育空间。辅导员需要充分利用网络平台，创新教育方式，提高教育效果。辅导员团队可以通过微信公众号、QQ群等社交媒体平台，定期发布与学生生活、学习密切相关的文章和资讯，引导学生树立正确的世界观、人生观和价值观。同时，他们还可以结合学生的兴趣和需求，开展线上互动活动，如主题讨论、知识竞赛等，有效提高学生的参与度和教育效果。

此外，辅导员还需要注重培养学生的网络素养和自律意识。他们可以通过案例分析、角色扮演等方式，帮助学生识别网络谣言、防范网络诈骗等，提高学生的网络安全意识和自我保护能力。

辅导员在网络思想政治教育中，应始终坚持以学生为中心，关注学生的全面发展和个性化需求，努力培养出既有高尚品德又有扎实学识的新青年。故事育人策略在网络思想政治教育中具有广阔的应用前景。未来，随着教育理念的不断更新和教育技术的持续发展，故事育人策略将在网络思想政治教育中发挥更加重要的作用。

## 三、网络思政教育中故事育人的意义

故事育人，顾名思义就是通过讲述故事的方式来进行教育，特别是思政教育。这种方法的内涵在于利用故事的情节、人物和冲突等元素，将教育的内容巧妙地融入其中，使受教育者在听故事的过程中，自然而然地接受和理解教育的内容。

在网络思政教育实践中，故事育人的应用已经得到了广泛的认可。例如，一些辅导员在思政教育中，通过网络平台播放视频如纪录片讲述革命先烈的英勇事迹、科学家的探索历程等，引导学生树立正确的世界观、人生观和价值观。这些故事不仅具有深刻的教育意义，而且能够引起学生的共鸣，激发他们的爱国热情和奋斗精神。

此外，故事育人还具有很好的适应性，可以根据不同的教育对象和教育内容进行调整和创新。在网络思政教育中，辅导员可以通过微信、微博等社交媒体平台，发布具有教育意义的故事，与学生进行互动和交流。这种方式不仅能够扩大教育的覆盖面，还能够增强教育的针对性和实效性。

## 四、网络思政教育中的故事创作

### （一）深入了解学生需求，创作贴近学生实际的故事

在深入了解学生需求的过程中，辅导员发现当代大学生生活在一个信息爆炸、价值观多元的时代。他们渴望在纷繁复杂的社会现象中找到自己的定位，同时也期待在成长道路上得到正确的引导和帮助。因此，辅导员在运用“故事育人”策略时，需要紧密结合学生的实际需求，创作贴近他们生活的故事。

以一位名叫李华的大一新生为例，他来自农村，对于城市的繁华和快节奏生活感到既好奇又迷茫。在入学初期，他面临着适应新环境、规划未来职业等多重挑战。辅导员张老师了解到李华的情况后，针对他性格内向的具体情况，决定将自己年轻时从农村走出来，通过不懈努力在城市立足的经历创

作成一个网络故事共享给他。在故事中，张老师多次强调面对困难和挑战时要有坚定的信念和勇往直前的勇气。后来，这个故事深深打动了李华，让他意识到只有通过自己的努力和奋斗，才能实现华丽转身。

为了进一步巩固故事育人的效果，张老师借助线上学习平台还组织了以“奋斗的青春最美丽”为主题的班会活动，并穿插播放一些与班会主题契合的视频。在活动中，同学们纷纷在网络平台上分享了自己的奋斗故事和心得体会。李华也积极参与其中，分享了自己在学习和生活中遇到的困难和挑战，以及如何通过坚持和努力来克服它们。这次活动不仅增强了同学们的凝聚力和归属感，也让大家更加深刻地理解了奋斗的意义和价值。

通过深入了解学生需求并创作贴近他们生活的故事，辅导员能够有效地引导学生树立正确的价值观和人生观。同时，这种以故事为载体的教育方式也能够更好地激发学生的学习兴趣和积极性，促进他们的全面发展。

### （二）立足传统文化，创新网络育人故事

通过运用“故事育人”的策略，辅导员可以引导学生深入了解和认识中华优秀传统文化的内涵和价值。在这个过程中，辅导员可以借助网络平台挖掘丰富的传统文化资源，以贴近学生兴趣的方式来传承和弘扬中华优秀传统文化。以《论语》中的“己所不欲，勿施于人”为例，辅导员除了讲述这一经典名句背后的故事和哲理，还可以通过播放网络上的相关短视频资料来引导学生理解并践行这一道德准则。通过分享孔子及其弟子的言行举止，辅导员可以帮助学生认识到尊重他人、关爱他人的重要性，从而培养学生的道德情操和社会责任感。

辅导员在结合传统节日和习俗，如春节、中秋节等开展丰富多彩的文化活动时，也可以巧妙地利用网络平台与资源。通过让学生欣赏传统艺术表演、参与制作传统食品等形式，辅导员可以让学生在切实体验中感受传统文化的魅力，同时还可以引导其积极创作相应的节日与习俗故事，从而增强对传统文化的认同感和自豪感。

辅导员借助网络平台与资源，通过引导学生深入了解传统文化的内涵和

价值，可以培养学生的道德情操和社会责任感，为培养担当民族复兴大任的时代新人贡献力量。

## 五、网络思政教育中故事育人的运用策略

### （一）故事育人在网络课堂教学中的运用

在辅导员网络思政教育中，故事育人作为一种创新的教学方法，其在网络课堂教学中的运用显得尤为重要。通过引入生动、有趣的故事，能够激发学生的学习兴趣，提高课堂参与度。例如在讲述社会主义核心价值观时，可以借助网络平台引入一些与诚信、友善领域相关的真实故事，让学生从中感受到这些价值观的实际意义。辅导员还可以利用多媒体教学资源，如视频、音频等，为学生呈现更加生动、形象的故事情节，提高教学效果。

辅导员采用线上故事育人的教学方法，其课堂满意度普遍较高，学生的学习成绩和综合素质也得到了显著提升。这充分证明了故事育人在网络课堂教学中的重要作用。

故事育人在辅导员网络思政教育中的课堂教学运用具有显著的优势和效果。通过引入生动、有趣的故事，激发学生的学习兴趣，培养学生的思辨能力和情感素养，提高教学效果和学生的学习成绩。因此，辅导员应该进一步推广和应用故事育人这一教学方法，为辅导员网络思政教育注入新的活力和动力。

### （二）故事育人在网络互动中的运用

在网络互动中，故事育人以其独特的魅力，成为辅导员思政教育的新宠。辅导员们通过精心编写的故事，将思政教育的内容巧妙地融入其中，让学生在轻松愉快的氛围中接受知识，提升思政素质。这种方式的运用，不仅增强了学生的参与度和互动性，还提高了思政教育的效果和质量。

故事育人在网络互动中的运用，需要辅导员具备较高的故事创作能力和思政教育素养。他们需要根据学生的年龄、兴趣、需求等特点，选择适合的

故事题材和情节，将思政教育的内容巧妙地融入其中。同时，他们还需要运用多种网络互动工具，如社交媒体、在线论坛、即时通信等，与学生进行实时交流和互动，引导学生深入思考和理解故事中所蕴含的思政教育意义。

本项目组带领团队创建了微信公众号“乐学好思成长屋”，不定期推送一些与学生生活紧密相关的思政故事，并设置互动话题，鼓励学生留言评论、分享心得。通过这种方式，不仅吸引了大量学生的关注和参与，还让学生在阅读故事的过程中，潜移默化地接受了思政教育。

故事育人在网络互动中的运用，还需要注重故事的质量和影响力。一个好的故事，不仅要能够引起学生的兴趣和共鸣，还要能够触动学生的心灵深处，激发他们的思考和行动。因此，辅导员在创作故事时，需要注重故事的情节设计、人物形象塑造、价值观传递等方面，力求让故事更加生动、有趣、有深度。当然，辅导员还可以在网络空间组织各类“故事会”育人活动。比如在一次以“责任与担当”为主题的故事会活动中，辅导员一方面可以借助网络播放一个关于医生在疫情防控期间坚守岗位、无私奉献的真实故事，不仅可以让学生深刻理解责任与担当的内涵，还能激发他们为社会贡献力量的热情。另一方面还可以同时组织班级同学纷纷将自己经历的故事写下来推送到班级 QQ 空间或微信群里，以此让更多的同学关注并从中受到启发与指引。

总之，故事育人在网络互动中的运用，为辅导员思政教育提供了新的思路和方法。通过精心编写的故事和巧妙的网络互动方式，可以让学生在轻松愉快的氛围中接受思政教育，提高思政教育的效果和质量。同时，这也对辅导员提出了更高的要求和挑战，需要他们不断提升自己的故事创作能力和思政教育素养。

## 六、实践案例故事

辅导员还可以利用社交媒体等线上渠道，与学生进行实时互动，分享和讨论故事背后的深层含义。本项目组在实践工作中，组建辅导员工作团队创建了“乐学好思成长屋”公众号，力争为广大青年学生打造一方温馨的网络阵地，旨在让每一位学生能够“快乐学习，喜好思考，顺利成长成才”。公众号自创建以来就结合学习、生活、思想、情感、心理、党建等内容设计了几个相应的子栏目，不定期为广大学生推送相应的推文，还邀请学生创作故事分享。目前学校很多学生都积极关注本号，还有逾千人是本号的星级粉丝。公众号运营团队主要由学生组成，他们中有校报编辑、学校易班中心小记者，也有校级院级学生会干部，还有各班级班团干部以及热心的同学。他们结合自身群体的实际需求，在项目组成员的带领下编辑与推发了很多资讯小文章、励志小故事和心理情感文章。此外，本公众号还常年面向学生群体征稿，积极组织学生创作多类型的公众号推文。其中的“奔跑日迹”栏目，寓意为我们每个人在成长过程中都会经历很多事，遇到很多人，于是很多的人和事为我们串起长长的成长轨迹。当我们沿着它不断向前奔跑时，拥入怀抱的必然是日迹星光。本栏目的宗旨是鼓励同学们将自己在成长过程中经历、遇到的人和拥有的感悟整理出来，以此用很多的人和事为自己串起长长的成长轨迹的同时，也能为广大同学提供成长与奋斗的范本故事。目前本栏目已陆续推发了近50篇（后期还将持续推发）优秀在校生和毕业生的成长成才励志小故事，引来一大波学生的阅读、赞赏和点评。这不仅激发了广大学生的情感共鸣，也为如何点燃其自身的激情和科学规划大学生涯指引了方向。

这一成功实践表明，故事育人不仅能够有效提升辅导员网络思政教育的效果，还能够增强学生的学习兴趣和主动性。通过运用故事育人的方法，辅导员能够更好地引导学生树立正确的世界观、人生观和价值观，为培养德智体美劳全面发展的社会主义建设者和接班人作出积极贡献。故事育人正是将教育与生活紧密结合，让学生在故事中感受生活，在生活中领悟教育。这种寓教于乐的教育方式，不仅符合当代大学生的心理需求，也为辅导员网络思政教育提供了新的思路和方向。

### （一）公众号发布励志故事

以下是几篇推发在“乐学好思成长屋”公众号“奔跑日迹”子栏目的文章，均由学生自发投稿，且都是很好的网络思政育人故事案例。

## 王志敏：向阳奔跑，努力成为逐梦高光男孩儿

在我的大学生涯中，无论是课堂学习、专业技能竞赛、班级工作还是课外拓展，我都过得很是忙碌和充实。

2019年的那个秋天，我与千千万万的大学新生一样，怀着对大学生活的美好向往和无限憧憬踏入了自己的大学校园——湖南商务职业技术学院。当看到在各种场合侃侃而谈的学姐学长时，我心中便暗暗下决心：自己一定要好好努力，争取日后向他们看齐并有所超越。

于是，我在搞好日常学习的同时，积极参加演讲比赛、设计比赛、书法大赛等各类比赛活动。总之，只要是我能参加的比赛，我都会铆足了劲儿往前冲。尽管有时也会空手而归，但我还是积累了各项经验并丰富了自己的大学生活。

我深深记得阙老师在学生教学信息中心的培训总结大会上勉励学生们大学生活千万不能虚度，并且一定要让自己过得精彩，过得充实。坐在台下认真聆听的我当时特别认同阙老师的观点。回首一路走来，我深感专属于自己的大学生活应该算得上阙老师所说的精彩和充实。

大一时，我通过参加竞选担任了班级的学习委员，顺利成为老师与同学之间沟通的桥梁。学委的任职经历给了我极大的锻炼，当然也为我创造了更多向各科老师们请教与交流的机会。那时的自己经常在学习委员和学院学生会干事的角色间不停切换，每天两点一线异常忙碌。后来，我渐渐意识到毕竟自己的时间和精力有限，于是作出了一个艰难的选择——我依依不舍地放弃了进入学生会继续留任当部长的机会，“任性”地选择继续担任学习委员为班级奔波和忙碌。

大二时我很荣幸地被专业老师选拔参加了2020年湖南省职业院校技能竞赛“互联网+国际贸易综合技能”赛，并且获得了三等奖。这场竞赛让我深深感悟到：其实在赛场上我赛的不仅仅是技能，更是一次各方面潜力的完美呈现。赛到最后我甚至觉得竞赛结果已经不是那么重要了，更重要的是在比赛过程中自己可以向朝夕相处的队友甚至对手学习。我可以学习他们身上的种

种优点，并及时发现自身的不足，让自己从中获得新的知识和经验。这些都自然而然地在我的成长阅历上增添了浓墨重彩的一笔，让我能够在逐日奔跑的过程中成长为高光男孩儿。

当然，在这期间，无论是在生活上还是学习上，我也曾迷茫过，彷徨过，无助过，甚至想要站在宿舍楼顶肆意大声吼叫。但是转念一想，也许自己当下面临的种种本来就是人生的常态吧。生活原本无常，也许我所做的一切都是雾里看花。尽管自己是在雾里行路，但总还是能看清脚下几米的地方吧。我何不再勇敢和努力一点，竭尽全力地在人生路上走稳走好呢？就好比我在大学时代所参加过的各类比赛，其实它们都是我成长岁月里的日积月累的小小丰碑，我最终总有那么一天让自己怀揣各种美好和历练去想要去的地方。既然我踩在父母的肩膀上才来到这象牙塔，为何不在这理想的海洋中好好遨游一番呢？我真的希望每个人都能珍惜这段来之不易的大学时光，以至不会在毕业之际留下自己遗憾与悔恨的泪水。

现在我已经是一名大三的学生了。前不久我的辅导员陈博老师高兴地告知，我荣获了2020—2021学年的国家奖学金。顿时，喜悦、辛苦、感恩……种种情愫纷纷涌上心头。但我始终感到很庆幸，庆幸自己在大学生活里利用碎片化的时间参加了各种比赛，并且没有老是抱怨时间不够，也没有埋怨机会不够多。在与时光赛跑的日子里，我也不忘停下脚步整理行囊，惊喜地发现原来自己的行囊里不经意间装下了不少惊喜：2020年湖南省职业院校技能竞赛“互联网+国际贸易综合技能”竞赛三等奖、2019—2020年度国家励志奖学金，2020—2021学年度校一等奖学金，2021年“顺君杯”“互联网+”大赛校赛二等奖、2021年短视频制作大赛校赛二等奖、2021年大学英语阅读与写作竞赛校赛三等奖等，并且还荣获励志之星、三好学生、优秀学生干部、优秀团员、优秀教学信息员等荣誉称号。如今的自己，终于能让那个普通的身影稍带一点光环了。

回首自己的成长之路，我非常感恩自己就读的湖南商务职院。在我心中，她的地位尤为重要。有时候我觉得她足够大，大到在你学到心烦意乱时需要花上近四十分钟才能逛完整个校园。有时候我又觉得它足够小，小到从宿舍到图书馆的距离只需要花上五分钟。在湖南商务职院的求学时光里，我以自己是其万千学子里的一员而感到无比骄傲和自豪。

蓦然回首，我早已褪去刚入校时的青涩与懵懂，不经意间早已成长为一名即将远航的学有所成的大学毕业生。在今后的工作、生活与学习中，我将时刻不忘母校老师的谆谆教诲，定会进一步正视自己的不足和缺点，在自己的人生轨迹上继续向阳而生、逐日奔跑，争取早日成长为实现“中国梦”的高光男孩儿。

**王志敏**：电商学院19级国际商务1班学习委员，校英语协会副会长。曾获2020年湖南省职业院校技能竞赛“互联网+国际贸易综合技能”竞赛三等奖，并荣获国家奖学金、国家励志奖学金、校一等奖学金、励志之星、三好学生、优秀学生干部、优秀团员、优秀教学信息员等众多奖项（称号）。

### （二）分享学习心得故事

“乐学好思成长屋”公众号的宗旨之一是希望广大青年学生能快乐学习和喜好思考，因此辅导员在日常工作中善于结合湖湘本土特色，利用“湘商文化”课程教学的契机积极引导学生主动了解湖湘文化和湘商精神，在公众号里设置了“湘商文化习得”的子栏目。辅导员鼓励学生将自己对湘商文化的学习与思考用文字记录下来，并及时提供展示的机会。通过这样的方式，让大学生思政教育增添了地域特色，提高了学生的思政教育参与度。以下就是一位学生的湘商文化学习心得。

#### 张琪：我眼中的近代中国化工之父——范旭东

在漫长的历史岁月中，无数的湘商名流，无数的英雄好汉都为我们的祖国作出了极大的贡献。也是因为本学期的湘商文化课堂，才让我了解到更多的湘商名流的事迹。

毛泽东在谈到中国民族工业时说过，有四个人不能忘记——讲重工业，不能忘张之洞；讲轻工业，不能忘张謇；讲化学工业，不能忘范旭东；讲交通运输，不能忘卢作孚。

范旭东何许人呢？可能很多人不太了解，但是一讲到我们每天都要用到的食用盐，大家就都明白了。在本学期湘商文化课堂的学习中让我印象深刻的也非他莫属了。

范旭东的事迹总的来说可以归纳为四点：寒门学子的救国梦；小试牛刀，创办久大精盐公司；再接再厉，创办制碱工厂；脚步不停，化工产业一个不能落。在他年幼时期，祖父和父亲相继去世，家境由小康变得一贫如洗，随母亲谢氏和哥哥范源濂迁往湖南省长沙市保节堂定居，靠母亲帮人浆洗衣服和针线手工勉强糊口。因姑母资助，得以就学。他的长兄范源濂 1897 年冬入长沙时务学堂读书，受梁启超思想影响，范旭东也受到熏陶。第二年春，他在范源濂帮助下也进时务学堂就读，思想进一步发生变化，摈弃了“当时做官发财的旧套，立志要做救国救民的大事”。在之后，范旭东以优异成绩毕业于京都帝国大学理科化学系，虽然获得留校任教的资格，但是范旭东心系国家，果断放弃了待遇优厚的日本教职收拾行装回国，立志于复兴中国。从小就有着坚定目标的这一点很值得我们学习，在国外获得优异成绩时，仍不忘记祖国，投身祖国事业的精神也很值得我们学习。他凭借着自己的学识，不屈不挠的精神，立志为国家做出贡献。

经营盐业、制三酸，创建化工科研机构等一系列大动作的施行，让范旭东赢得了当时不少业内外人士的尊敬，同时让中国人自己的化学工业产业逐渐在国际上有了认可度。一直到 1945 年 10 月 4 日，范旭东突发急病在重庆溘然长逝，终年 62 岁。

范旭东先生的一生都奉献在为祖国事业奋斗上，他的大无畏精神也值得我们学习。每当提到“食盐”这一名词，我就会想起范旭东先生。“相信科学、发展实业、顾全团体、奉献社会”四大信条，是由范旭东先生订立的，我认为现如今的我们都应该细细品读这四大信条，把范旭东先生的精神传承下去。

范旭东一贯自称书生，从不把自己看作商人，自始至终都认为自己的“书生之念”比“发财之念”浓厚得多。守其初心，始终不变，就是这样一个书生意气浓厚的商人，毕生都在致力于我国化工业的振兴，殚精竭虑。凭借自己的力量摘下了中国人“食土民族”的帽子，并开启了我国化工产业发展的道路。

总之，范旭东先生无私奉献，顾全团体，爱国的精神值得我们学习，我会一步一步朝着那四大信条的内容去努力，去进步，找到自己的目标。思考问题时，不单单考虑到自己，而是能站在集体的角度去考虑，能够顾全大局。

在现代社会中的我们很容易被一时的名利蒙蔽双眼，在繁忙的生活中，我们不妨静下心好好想一想我们的初心是什么，它们还在吗？发财之念是最重要的吗？也许不必太关注自身的名利，而去尝试着奉献。可能会有不一样的心境。

在以后的工作生活中，我将向缔造无数第一的中国化工之父——范旭东先生学习，在学习的领域里发光发热！

**张琪：**18 级财务管理 6 班学生。

# 第六章　班级管理与建设中的故事育人

## 第一节　党团和班级建设中的故事育人

在高校中，辅导员是党团和班级建设的重要推动者和实施者。他们不仅负责党团活动的组织和实施，还承担着引导学生参与党团建设、培养学生党性修养的重要职责。

### 一、辅导员在党团和班级建设中的职责

#### （一）辅导员在党团建设中的职责

首先，辅导员通过组织各种形式的党团活动，如主题党日、团日活动等，引导学生积极参与，增强学生的组织观念和集体荣誉感。学生在辅导员组织的党团活动中参与率较高，不仅能在活动中学到理论知识，还可以通过实践锻炼自己的组织能力和团队协作能力。

其次，辅导员在党团建设中要注重培养学生的党性修养。他们可以通过讲解党的历史、党的理论和党的优良传统，引导学生树立正确的世界观、人生观和价值观。同时，辅导员还可以通过组织学习交流、志愿服务等活动，

让学生在实践中增强党性修养，提高思想觉悟。

此外，辅导员还要积极发挥党团组织的桥梁纽带作用，加强与学生之间的沟通与联系。他们可以通过定期与学生谈心谈话、关注学生思想动态等方式，及时了解学生的需求和困惑，帮助学生解决实际问题。这种互动式的沟通方式不仅增强了师生之间的信任和理解，也为党团建设提供了有力的支持。

正如列宁所说："青年团必须始终站在无产阶级革命斗争的最前线。"辅导员作为党团建设的重要力量，他们的工作不仅关系到学生的成长和发展，更关系到党的未来和希望。因此，高校应高度重视辅导员在党团建设中的作用，为他们提供必要的支持和保障，推动党团建设不断向前发展。

### （二）辅导员在班级建设中的职责

辅导员在班级建设中的职责不仅体现在日常管理和指导上，更在于他们对学生个体和集体成长的深远影响。他们不仅是学生日常学习和生活的指导者，更是学生心理健康的守护者。辅导员需要深入了解每个学生的性格、兴趣和需求，以便为他们提供个性化的指导和帮助。通过组织各种班级活动，辅导员能够促进班级内部的团结和协作，营造积极向上的班级氛围。

为了更有效地进行班级建设，辅导员需要运用科学的方法和策略。可以通过问卷调查、个别谈话等方式，收集学生对班级建设的意见和建议，从而制定出更符合学生需求的班级建设方案。同时，辅导员还可以借鉴其他成功班级的经验，结合自己班级的特点，进行有针对性的创新实践。

辅导员在班级建设中要注重培养学生的团队协作精神和创新能力。一般可通过组织团队拓展活动、创新创业比赛等形式多样的活动，让学生在实践中锻炼团队协作和创新能力。这些活动不仅增强了班级的凝聚力，也为学生未来的职业发展打下了坚实的基础。

此外，辅导员在班级建设中还需要关注学生的心理健康。他们可以通过开展心理健康教育讲座、提供心理咨询服务等方式，帮助学生解决心理困扰，促进他们的健康成长。同时，辅导员还需要建立学生心理健康档案，定期跟踪学生的心理健康状况，及时发现并解决问题。

因此，辅导员在党团和班级建设中需要不断学习和提升自己的专业素养，以更好地履行他们的职责。他们需要关注教育领域的最新动态，学习先进的教育理念和方法，不断提高自己的教育水平和能力。

## 二、党团和班级建设中故事育人的意义

故事育人理念的核心在于其情感共鸣和认知启发的双重作用。它强调通过讲述生动、有趣、富有启发性的故事，来引导学生思考、感悟和成长。这种教育方式不仅符合人类认知的规律，也更容易被学生接受和记忆。在辅导员的工作中，通过灵活运用故事育人的策略，不仅可以增强学生的情感体验和认知深度，还能够有效促进党团和班级建设的发展。

故事育人在党团和班级建设中的意义深远而重大。通过故事育人，辅导员可以将抽象的理念和复杂的理论转化为生动有趣的叙述，从而更容易被学生接受和理解。比如使用故事进行教学可以提高学生的参与度和兴趣，使他们在轻松愉快的氛围中自然而然地吸收知识。在党团建设中，通过讲述革命先烈的英勇事迹，可以激发学生的爱国热情和集体荣誉感，增强他们对党的认同感和归属感。这种情感上的共鸣和认同，对于培养学生的政治觉悟和思想品德具有不可替代的作用。

故事育人也是一种有效的班级建设手段。辅导员通过分享身边的小故事，可以引导学生树立正确的价值观和人生观，促进班级内部的团结和协作。讲述一个班级的同学共同克服困难、取得成功的案例，可以激发学生的集体荣誉感和团队精神，增强班级的凝聚力。这种凝聚力不仅有助于班级的日常管理，更能为学生的学习和成长创造一个良好的环境。

故事育人还符合现代教育理念的发展趋势。现代教育强调学生的主体性和参与性，而故事育人正是通过引导学生主动思考和积极参与每一项党团和班级建设事务。

综上所述，故事育人在党团和班级建设中的意义不仅在于传授知识，更在于培养学生的情感和价值观。通过运用故事育人的策略，辅导员可以让学生在轻松愉快的氛围中接受教育，实现教育的全面性和深入性。因此，辅导

员应该充分重视故事育人的作用，将其运用到日常的教育工作中去。

## 三、党团和班级建设中故事育人的实施策略

### （一）选择合适的育人故事

在党团和班级建设中，辅导员运用故事育人的策略是一种富有成效的方法。通过选择合适的故事内容，辅导员能够更好地引导学生，激发他们的爱国热情，培养他们的团队协作精神，以及激发他们个人的成长动力。例如选择关于革命先烈的英勇事迹的故事，可以帮助学生深刻理解爱国主义精神的内涵，激发他们的爱国热情。通过讲述红军长征的艰辛历程，让学生感受到革命先烈的坚定信念和不屈不挠的精神，从而培养他们的艰苦奋斗和团结协作的精神。

选择身边的真实故事也是非常重要的。比如讲述一位学生如何通过团队合作克服重重困难最终取得成功的案例故事，来激励同学们积极参与班级建设工作，培养他们的团队协作精神。同时，通过分享一些成功人士的励志故事，如任正非等企业家的创业历程，可以激发学生的个人成长动力，鼓励他们勇敢面对挑战，追求自己的梦想，坚定自己的信仰。

在选择故事内容时，辅导员还需要结合学生的实际情况进行引导。例如，针对不同年级、不同专业的学生，选择与之相关的故事内容，使其更具针对性和实效性。同时，辅导员还可以利用数据分析模型，对学生的学习情况、兴趣爱好等进行深入分析，从而选择更加贴近学生需求的故事内容，提高故事育人的效果。

在党团和班级建设中，辅导员通过选择合适的育人故事和故事育人策略，可以更有效地引导学生，培养他们的爱国热情、团队协作精神，增强个人成长动力。当然，辅导员还需要结合学生的实际情况进行引导，使故事育人更加贴近学生的需求，提高教育效果。

### （二）创新故事呈现方式

在故事育人的实践中，创新故事呈现方式至关重要。传统的口头讲述或

书面阅读已经不能满足现代大学生的需求。因此，辅导员可以尝试将虚拟现实（VR）技术引入故事呈现中，为学生带来沉浸式的体验。例如在开展坚定革命理想信念教育时，辅导员可以利用 VR 技术还原革命前辈浴血奋战前线的场景，让学生仿佛置身于战火纷飞的年代，以此感怀革命先辈的伟大斗争精神和艰苦卓绝的牺牲精神，同时坚定自己为实现中华民族伟大复兴的中国梦的决心与信仰。实践表明参与 VR 体验的学生在情感投入和故事理解上均显著高于传统教学方式。这种创新的故事呈现方式不仅增强了学生的学习兴趣，还使他们在亲身体验中深刻理解了历史的沉重和民族精神的伟大。

辅导员可以结合社交媒体平台，以短视频、直播等形式在党团和班级建设中呈现育人故事。这些形式更符合当代大学生的接受习惯，能够迅速吸引他们的注意力。例如辅导员组织班级在开展团建活动的过程中发动广大同学随手拍，将自己目光所及的美好瞬间都抓拍下来，等活动结束后再组织同学整理成图文并茂的推文在班级公众号或 QQ 群进行发布。另外，辅导员还可以根据工作实际，组织学生相关社交媒体平台上定期推发有关在校学习、毕业就业、奋斗成才等领域的文章来开展思政教育和引导，以此促进党团和班级建设。辅导员还可组织制作一系列关于学生身边的励志故事短视频，通过校园官方抖音账号发布。

除了技术手段的创新，辅导员还要注重党团与班级建设故事内容的创新。总之，在故事育人的道路上，辅导员当勇于尝试、不断创新，为党团和班级建设注入新的活力和动力。

### （三）贴近实际进行故事引导

在辅导员的工作中，结合学生实际进行故事引导是一种富有成效的教育方法。这种方法不仅有助于增强学生对知识的理解，还能激发他们的学习兴趣和积极性。当辅导员在讲述班级建设中团队合作的重要性时，可以结合一个真实的团队项目案例，描述团队成员如何克服困难、互相支持并最终取得成功的经历。这样的故事能够让学生深刻体会到团队合作的力量和价值。

结合学生实际进行故事引导还能帮助学生更好地理解和应对生活中的挑

战。辅导员可以讲述一些党史知识或优秀共产党员的先进事迹引导学生积极向上向善，在面对困难时也能保持积极的心态和行动。比如利用发展党员的契机，除了对发展对象进行故事育人外，还可以挖掘其身上的闪光点教育影响别的同学，让广大学生向先进看齐。这样的育人故事不仅能够提供精神上的支持，还能为学生提供实际的操作方法和策略。

在结合学生实际进行故事引导时，辅导员还需具备敏锐的观察力和洞察力。辅导员需要深入了解每个学生的性格、兴趣、特长等方面的特点，以便在讲述故事时能够更好地引起学生的共鸣和兴趣。此外，辅导员还需要根据学生的反馈和表现，及时调整自己的讲述方式和内容，以确保故事引导的效果达到最佳。

总之，结合学生实际进行故事引导是辅导员工作中的一种重要方法。通过讲述真实、生动、有趣的故事，辅导员不仅能够增强学生对知识的理解和掌握，还能激发他们的学习兴趣和积极性，促进他们的全面发展和成长。

## 四、党团和班级建设中故事育人的创新实践

### （一）利用新媒体故事加强党团和班级建设

在新媒体时代，辅导员在党团和班级建设中面临着新的机遇和挑战。传统的党团和班级建设方式已经无法满足现代大学生的需求，因此，利用新媒体平台上的故事加强党团和班级建设成为辅导员的重要任务之一。

新媒体平台具有传播速度快、互动性强、覆盖面广等特点，为辅导员提供了更加便捷、高效的工作方式。辅导员可以通过微信公众号、QQ 群、微博等社交媒体平台，发布党团和班级建设的最新动态、活动通知、学习资源、学生榜样故事等信息，让学生除了随时了解和参与其中，还能在接收到的各类故事中感悟到辅导员要传达的思想理念和价值观，并潜移默化地让自己发生更好的改变。在党员发展、干部选拔、优秀评选等事务中，辅导员可以通过在线调查、投票等方式，收集学生的意见和建议，讲授一些同学们亲身经历的小故事，更好地满足学生的需求。例如辅导员团队可以积极运用新媒体

平台，通过微信公众号定期发布党史知识、团建活动信息、学习资源等，以此吸引大量学生的关注和参与。辅导员还可以利用QQ群和微博等平台，发动与组织开展党史知识竞赛、班级日记接龙、共写读书笔记、分享个人成长故事等活动，不仅可以加强师生或生生之间的互动交流，还能客观便捷地收集学生的反馈和建议。这些举措不仅可以提高党团活动的参与度和影响力，还能够增强班级凝聚力和向心力。

当然，辅导员还可以创新性地开展线上主题班会活动，通过视频会议的形式让学生们在屏幕上相聚一堂，共同讨论班级事务和学习问题，同时分享一些同学们乐于聆听的小故事。尤其是疫情期间，这种云上主题班会活动能很好地加强班级建设。这些新颖的活动形式不仅让学生们感受到班集体的温暖和力量，还能提高其参与度和归属感。

除了信息发布和互动交流，新媒体平台还可以为辅导员提供更加多样化的工作方式。例如，辅导员可以通过网络直播、在线讲座、故事案例分享等方式，为学生提供更加生动、形象的学习体验。同时，辅导员还可以利用新媒体平台开展线上活动，如线上主题班会、线上志愿服务等，增强班级凝聚力和向心力。

然而，利用新媒体平台加强党团和班级建设也需要注意一些问题。首先，辅导员需要加强对新媒体平台的管理和维护，确保信息的准确性和安全性。其次，辅导员需要注重与学生的互动和沟通，避免信息单向传递和沟通不畅的情况。最后，辅导员需要不断创新工作方式和方法，适应新媒体时代的发展需求。

总之，利用新媒体平台加强党团和班级建设是辅导员在新时代的重要任务之一。通过充分利用新媒体平台的特点和优势，辅导员可以更加便捷、高效地开展工作，促进党团和班级建设的深入发展。

### （二）依托线下案例故事增强班级凝聚力

学生的亲身经历及其参与的各类活动都可以被辅导员用来作为育人的鲜活案例故事。在辅导员的工作中，开展形式多样的文体活动是提升班级凝聚力的重要途径。通过组织各类文体活动，不仅能够丰富学生的课余生活，更能在活动中培养学生的团队协作精神，增强班级之间的凝聚力。辅导员可以组织班级间的篮球赛、足球赛等体育赛事，让学生在比赛中体验团队合作的重要性，同时增强彼此之间的友谊。此外，还可以举办文艺晚会、才艺比赛等活动，让学生在展示自己的同时，感受到班级大家庭的温暖和支持。

在日常生活中，参与文体活动的学生普遍表现出更高的集体荣誉感和归属感，并且经常参与班级文体活动的学生在团队合作、沟通能力等方面得分明显高于其他学生。这表明，通过形式多样的文体活动，可以有效促进班级凝聚力的提升。

辅导员在组织文体活动时，除了可以适当引入一些团队协作的理论模型来帮助学生更好地理解自己在团队中的角色和责任，还要结合特定时机巧妙地给学生讲些有针对性的小故事。通过理论学习和实践活动的结合，学生在感悟故事的同时可以更好地发挥自己的优势，为团队的整体发展作出贡献。

人的本质是社会性动物，每位学生都有对归属感和爱的需求。通过形式多样的文体活动，辅导员可以满足学生的这一需求，促进班级凝聚力的形成。同时，辅导员还应在活动中注重培养学生的团队协作精神和集体荣誉感，为他们的全面发展提供有力支持。

### （三）对故事育人策略及时反思与总结

在党团和班级建设的实践过程中，辅导员运用故事育人策略虽然具有显著的优势，但也存在一些问题。首先，选择合适的故事内容是一项挑战。不是所有的故事都能引起学生的共鸣，有些故事可能过于陈旧或与学生生活脱节，导致效果不佳。辅导员需要更加关注学生的兴趣和需求，选择更加贴近他们生活的故事。例如，可以引入一些现代社会的热点话题，或者结合学生的个人经历，让故事更加具有说服力和感染力，以此促进党团和班级建设。

其次，创新故事呈现方式也是一项重要任务。传统的讲述方式可能无法吸引学生的注意力，导致他们失去兴趣。辅导员可以尝试采用多种呈现方式，如角色扮演、情景剧、动画等，使故事更加生动有趣。辅导员还可以利用新媒体平台，如微信、微博等，将故事传播给更多的学生，扩大影响力。

此外，结合学生实际进行故事引导也是关键之一。辅导员需要深入了解学生的实际情况，包括他们的背景、兴趣、需求等，以便更好地选择适合他们的故事。其间可根据学生的反馈和表现，不断调整和优化故事引导的方式和内容，确保能够达到预期的效果。

最后，辅导员也要认识到故事育人策略不是一成不变的。随着社会的发展和学生需求的变化，辅导员需要不断更新和调整故事内容、呈现方式和引导策略。只有这样，辅导员才能保持与时俱进，为学生提供更加符合时代需求的教育支持。

## 五、实践案例故事

### （一）穿插故事会促进班级团建工作

辅导员为了加强班级建设，离不开组织各类活动，其中团建活动必不可少。结合班级实际情况，针对学生喜好，辅导员组织的团建活动在类型、时间、内容和地点等方面均要突出针对性和灵活性。一名辅导员所带的旅游管理班马上就要面临全国导游资格证的考试了，全班同学都紧张不已，生怕自己考砸了。为了缓解大家的紧张情绪和增强班级凝聚力，辅导员组织学生在学校附近的一个公园里开展了冬日团建，在活动中师生共同讲述了诸多备考的趣闻轶事，很好地达到了团建活动的预期效果。以下是团建活动的大体情况：

#### 记一次有故事的班级团建活动

为了增强18旅管3班的凝聚力，让同学们在紧张而又忙碌的导游证备考中放松片刻，湖南省辅导员名师工作室的主持人阙庆华老师于上周六在学校附近的尖山湖公园组织了有玩有故事的团建活动。

微风吹过，湖面泛起阵阵涟漪，湖面上弯弯曲曲的木桥，湖边轻抚湖水的杨柳，天空偶尔掠过的飞禽……好像画里的模样。同学们找了一块阴凉草地铺上了各组的野餐垫，拿出早已准备好的飞棋、扑克玩了起来，导游证备考的压力悄然消失。同学们有的把精心准备的零食铺满了整个垫子，有的在现场制作“黑暗寿司料理”，有的……

班干部还精心组织了踩气球游戏。规则很简单，每个人腿上绑八个气球，在踩破别人气球的同时保护好自己的气球。比赛在班长精彩的解说下变得越来越激烈，观战和参战的同学们个个不亦乐乎。踩气球是个非常解压的游戏，对于处在备考状态下的我们来说简直太爽了。

阙老师还在现场组织了故事会活动。首先，她让同学们手拉手围成一个大圆圈后席地而坐。在宣布完故事会相关规则后，阙老师向大家讲述了自己在研究生考试前的种种经历，虽然当时和大家一样紧张和害怕不已，但只要按照自己平时的节奏有条不紊地复习和备考，定会顺利度过考试。最后，她发动大家依次站在圆圈内绘声绘色地讲述了自己在备考过程中发生的种种趣事，整个过程逗得大家笑得前俯后仰的。

这次冬游让大家听到了很多新鲜的故事，更进一步增进了同学们之间的交流，增强了班级荣誉感，缓解了同学们的备考焦虑。活动结束后，各组长将剩余零食打好包，班干部还不忘进行垃圾分类，组织大家按要求打扫好活动现场，当好蓝天碧水的忠实守护者。

最后，大家在辅导员阙老师的带领下一路欢声笑语地返校了。本次团建活动也画上了完美的句号。

### （二）依托演讲竞赛案例开展党史学习教育

为了加强党团和班级建设，辅导员可以契合学校的相关主题活动开展相应工作。例如在学院“百年党史青年说”活动中，辅导员除了在班级积极发动同学们积极参赛，还可以选拔优秀苗子予以重点辅导。这个过程其实也是对班级开展党史教育的重要环节。以下就是辅导员辅导学生徐冉参赛时准备的演说稿：

## 学百年党史　做时代青年

尊敬的各位评委，亲爱的同学们：

大家晚上好。

我是来自旅游管理专业的徐冉，今天我演讲的题目是：学百年党史，做时代青年。

众所周知，中国共产党已经走过100年的风风雨雨。在党的100岁生日之际，我们每一个人的心情，除了感慨，更多的是感激。

回顾历史，1840年，鸦片战争爆发的声响，轰动着整个中国。百姓的动荡不安，激发起国人的愤怒。在渴望与和平中，缓缓蔓延。那时的中国，在黑暗中开拓。中国，被迫成了侵略者的附属品。抗日战争、南京大屠杀、八国联军侵华等一系列让人难忘而揪心的词语，时刻抓紧着中国人民的喉咙与脉搏，一刻，也不敢怠慢。

为了新中国的解放，为了革命的胜利，不知有多少英雄先辈们抛头颅洒热血，献出了自己年轻而宝贵的生命。

在战争年代里的每一天，我们每时每刻都会为发生在战士身上的故事感动着。董存瑞、黄继光、张思德、刘胡兰、缪伯英、夏明翰等每个熟悉的名字都让我们难以忘怀，都给我们留下了感人肺腑的故事。下面我要讲的，是其中的两位。

缪伯英，建党以来第一位女共产党员。缪伯英与跟她一样热爱祖国的丈夫何孟雄一起，加入了中国共产党，这位女英雄，为革命奉献了一切。当她在上海病逝时，在生命垂危之际依然感叹："既以身许党，应为党的事业牺牲，奈何因病去世，未能战死沙场，真是恨事。"

年轻的共产党员夏明翰在敌人的法庭上庄严宣称："我信仰共产主义"，他挥笔写下了浩气长存的就义诗："砍头不要紧，只要主义真，杀了夏明翰，还有后来人。"缪伯英的无私奉献与夏明翰的不屈不挠，都值得我们深思学习。

一代人有一代人的使命，一代人有一代人的担当。

强国之路在探索的脚步声中不断延伸，富强的梦想一天天实现。申奥、申博成功、加入世贸……中华大地喜事连连，照亮了华夏儿女的爱国之心。

我们生在红旗下，长在春风里，追着光，靠近光，成为光，散发光。

在党的关怀下，我们健康成长。

过去，人们的生活方式是“四世同堂十平米，五代家人居陋室”。今天，随着生活水平的日益提高，农民们家家户户都盖起了新楼，城市居民从以前的平房转变成现在的小高层、复式住宅，人们的居住都向着“更高大，更宽敞，更环保”发展，处处折射出人们住房条件的极大改善。

过去，人们的娱乐方式非常单一。现在，咱们国家大力提倡物质文明和精神文明的统一，精神文明得到很大发展。影视歌舞、读书看报、琴棋书画、花鸟虫鱼、上网冲浪、旅游远足、运动健身等这些过去属于富人的娱乐项目已进入寻常百姓家，大大丰富了百姓的业余生活。

同学们，这些都离不开党的扶持政策，这些同样也是新时代赋予我们的重大使命和重要课题。我们必须以全情投入的状态回答好新时代的新命题，当好这个时代的答卷人。

**徐冉：**19 级旅管 2 班学生，旅游管理学院学生会主席，校青马协会副会长，荣获本次校团委与马克思主义学院联合开展的“百年党史青年说”演讲比赛的决赛一等奖。

### (三) 讲述优秀党员故事开展价值观引领

党建工作也是辅导员业务工作之一。为了更好地在班级开展党建工作，让更多的同学积极加入党组织，更好地成长为新时代优秀青年，辅导员可以借助各类平台讲述优秀党员故事，以此起到思想引领和价值引领的良效。以下就是辅导员邀请优秀学生党员段文洁为系部党建专栏“党员风采”撰写的成长故事。通过网络平台的推发，广大学生不仅认识了故事的主人公，并且还表示自己要向其学习，争取早日成为她那样的优秀学生党员。以下是故事梗概：

## 18 旅管 3 班段文洁：敢于有梦　勇于追梦　勤于圆梦

《大学》里说："知止而后有定，定而后能静，静而后能安，安而后能虑，虑而后能得。"高考成绩不理想的她，带着遗憾来到了湖南商务职业技术学院，但很幸运的是被自己所感兴趣的专业录取了，从踏入学校的那一刻起，她就下定决心，一定要在大学里散发出属于自己的光芒。她深知大学是人生成长的重要阶段，成功与否取决于自己，所以没有懈怠的理由，于是她设立目标，实现目标，再设立目标，不断完善自己，不断突破自己，只为让自己变得更好。

刚进入大学的她便积极竞选了班级的团支部书记和学院的组织部干事。在担任干部期间，所在班级被评为了校级"先进团支部"，后来她又成功竞选上辅导员助理，以身作则，积极引导，帮助学弟学妹们更好更快适应大学生活。

生活中的她乐观、豁达，无论什么时候见到她，她的笑容永远那么阳光，充满着正能量。2019 年，她申请成为雪峰山花瑶展志愿者，通过志愿活动为湖南非遗文化传承奉献出自己的力量。

入学以来，她积极向党组织靠拢，时刻以一名优秀党员的标准要求自己。在 2019 年她被发展为中共预备党员，在 2020 年顺利转正成为一名正式的中共党员。思想上，时刻不忘自己作为一名共产党员的职责；学习上，努力提升自己的学习专业成绩和职业技能水平；生活上，节俭朴素，乐于助人。

连续两年获得校级"二等奖学金"、校级"优秀团干"、国家励志奖学金；华德育才社交与演说"季军"；地区好声音"16 强"选手；2020 年湖南省职业院校技能竞赛导游服务赛项三等奖；2021 年湖南省职业院校技能竞赛导游服务赛项一等奖并获得免试专升本资格；优秀团支书，素质拓展积极分子，文明大学生，党团知识竞赛"最佳团队"等多项荣誉称号。

进入大学以来，段文洁非常感恩有无条件支持她鼓励她的爸爸妈妈，感恩在大学期间有辅导员阙庆华老师、夏瑞霞老师的指导与帮助，感恩技能大赛的指导老师黄琦老师对她的鼓励和辛勤付出，感恩身边有许多给予她悉心教导的老师，以及给予她肯定的同学。“越努力越幸运”，她表示在以后的学习生活当中依然会以优秀党员的标准严格要求自己，让自己变得越来越好！

**段文洁**：女，汉族，中共党员，2000 年 7 月出生，湖南商务职业技术学院旅游管理学院 18 旅管 3 班学生，在校期间担任旅游管理学院组织部干事，18 旅管 3 班团支部书记，19 旅管 1 班助理辅导员，学院文化长廊讲解员等职务。

## 第二节　班级学风建设中的故事育人

在高等教育日益普及的当下，学风建设成为高校教育质量的重要标志。辅导员作为学风建设的重要推动者和实践者，其角色与职责愈发凸显。

### 一、辅导员在学风建设中的作用

在高校学风建设中，辅导员的作用不可忽视。他们不仅是学生日常学习和生活的指导者，更是学风建设的推动者和实践者。辅导员通过深入学生群体，了解他们的学习需求、困惑和挑战，从而能够针对性地提供指导和帮助。这种个性化的支持，有助于激发学生的学习兴趣和动力，促进他们形成良好的学习习惯和态度。

辅导员在学风建设中还扮演着引导者和榜样的角色。他们通过自己的言行举止，向学生传递着积极向上的学习态度和价值观。正如教育界“大咖”们所言：教育者的责任，不仅是传授知识，更重要的是引导学生如何做人。辅导员正是通过自身的示范和引领，帮助学生树立正确的学风观念，形成良好的学习氛围。

辅导员团队可以通过组织学习经验交流会、学风点评班会、学术讲座等活动，为学生提供丰富的学习资源和平台。这些活动不仅拓宽了学生的知识视野，也激发了他们的学术热情。同时，辅导员还可以通过定期的学习检查和反馈，帮助学生及时发现和解决学习中的问题，从而提高整体的学习效果。

辅导员在学风建设中也面临着一些挑战。随着学生群体的多样化和个性化需求的增加，辅导员需要不断提升自身的专业素养和综合能力，以更好地适应和满足学生的需求。同时，他们还需要加强与学校其他部门的沟通和协作，共同推动学风建设的深入发展。

综上所述，辅导员在学风建设中发挥着举足轻重的作用。他们通过个性化的指导、丰富的学术活动和自身的示范引领，为学生创造良好的学习环境和氛围。同时，辅导员也需要不断提升自身的专业素养和综合能力，以应对日益复杂和多样化的学生需求。

## 二、学风建设存在的问题与原因分析

学风建设作为高校教育的重要组成部分，其现状分析呈现出一些值得关注的特点。近年来，随着教育改革的深入，学风建设取得了一定的成效。大部分学生对学风建设持积极态度，认为良好的学风对于个人成长和学术发展至关重要。

但学风建设中存在的诸多问题不容忽视。当前，高校学风建设面临诸多挑战，其中最为突出的是学生学习动力不足、学术不端行为频发以及师生沟通不畅等。这些问题不仅影响了学生的学习效果和综合素质的提升，也制约了高校教育质量的进一步提高。

学生学习动力不足是一个普遍存在的问题。当前的课堂上，部分学生的学习态度不够端正，缺乏自律和独立思考能力，迟到、旷课、早退现象较严重，导致考试结果不理想，学习效果不佳。个别学校近年来挂科率有所上升，其中不乏一些优秀学生。这背后反映出的是学生学习态度的转变和学习动力的缺失。造成这一问题的原因有多方面，如社会竞争压力增大、就业形势严峻等外部因素，以及学生自身缺乏明确的学习目标和动力等内部因素。此外，高校在学风建设方面的投入和重视程度也有待加强。因此，建立学风建设的长效机制，加强师生之间的沟通与互动，也是推动学风建设的重要途径。

学术不端行为也是学风建设中亟待解决的问题。抄袭、剽窃、造假等学术不端行为时有发生，严重损害了学术界的声誉和公信力。这些问题的根源在于学术评价体系的不完善、学术道德教育的缺失以及学术监管的不力。针对这些问题，辅导员可以借鉴一些成功的案例和分析模型来探讨解决方案。例如某些高校通过引入导师制、开展学术诚信教育等方式，有效提升了学生的学术素养和自律意识。因此，加强学术道德教育和建立完善的学术评价体系是解决这一问题的关键。

师生沟通不畅也是学风建设中需要关注的问题。在传统的教育模式下，教师往往扮演着知识传授者的角色，而学生则处于被动接受的状态。这种沟通模式不仅限制了学生的学习主动性和创造性，也阻碍了师生之间的有效互动和交流。因此，建立平等、互动、开放的师生关系是解决这一问题的关键。

当然，在学风建设中，辅导员应注重培养学生的综合素质和创新能力，而不仅仅是追求高分、升学率以及就业率。因此，通过营造良好的学术氛围和提供丰富的学习资源，激发学生的学习兴趣和潜能，才能真正实现学风建设的目标。

## 三、学风建设中的故事育人运用策略

### （一）深化故事育人的理念与实践

深化故事育人的理念与实践，意味着在辅导员的工作中不仅要将故事作为育人的手段，更要将其作为推动学风建设的重要策略。通过故事，辅导员能够更生动、更具体地传达价值观、道德观和学术精神，从而引导学生形成正确的学风。例如，通过讲述杰出校友的奋斗故事，可以激励学生树立远大的志向和坚定的信念，形成积极向上的学风。同时，辅导员还可以结合学科特点，挖掘学科背后的故事，帮助学生理解学科的价值和意义，提高学生的学习兴趣和动力。

在实践中，辅导员可以通过多种方式运用故事进行育人。例如，在班会或团日活动中，辅导员可以组织学生进行故事分享，让学生讲述自己的成长经历、学习心得或社会实践经历，从而引导学生自我反思、自我成长。此外，辅导员还可以利用新媒体平台，如微信公众号、微博等，定期推送与学风建设相关的故事和文章，让学生在阅读中受到启发和教育。

为了评估故事育人的效果，辅导员可以采用问卷调查、访谈等方式收集学生的反馈意见，了解学生对故事育人的接受程度和满意度。同时，辅导员还可以通过观察学生的行为、学习成绩等方面的变化，来评估故事育人的实际效果。根据评估结果，辅导员可以及时调整故事育人的策略和方法，以提高育人的针对性和实效性。

深化故事育人的理念与实践还需要辅导员不断提升自身的育人能力。辅导员可以通过参加培训、阅读相关书籍、与同行交流等方式，学习和掌握更多的故事育人技巧和方法。同时，辅导员还需要关注学生的学习需求和心理变化，与学生建立良好的师生关系，为故事育人创造更好的条件和氛围。

总之，深化故事育人的理念与实践是辅导员在学风建设中不可忽视的重要任务。通过运用故事进行育人，辅导员可以更有效地引导学生形成正确的学风和价值观，推动学风建设的深入发展。

### （二）推动故事育人与学风建设的融合发展

故事育人作为一种富有感染力和启发性的教育方法，能够帮助学生更好地理解和接受知识，形成积极向上的学习态度。通过讲述真实或虚构的故事，辅导员可以引导学生从中汲取智慧和力量，激发他们的学习热情和创造力。同时，故事育人还能够帮助学生树立正确的价值观和人生观，为他们的全面发展提供有力的支持。

在推动故事育人与学风建设的融合发展过程中，辅导员扮演着至关重要的角色。他们不仅是学生日常学习和生活的指导者，更是学风建设的推动者和实践者。通过运用故事育人的策略，辅导员能够更有效地引导学生形成正确的学风，进而促进整个学校的学风建设。

推动故事育人与学风建设的融合发展，需要辅导员具备较高的育人能力和创新意识。他们不仅需要掌握丰富的故事资源和教育技巧，还需要具备敏锐的观察力和深入的思考能力，以便更好地引导学生形成正确的学风。同时，辅导员还需要不断学习和探索新的教育方法和手段，以适应不断变化的教育环境和学生需求。

推动故事育人与学风建设的融合发展还需要借助现代科技手段的支持。辅导员可以利用网络平台和社交媒体等工具，将故事育人的内容传播到更广泛的受众中去。同时，辅导员还可以通过数据分析和挖掘等技术手段，深入了解学生的学习需求和兴趣爱好，以便更加精准地设计和实施故事育人活动。这些科技手段的应用，不仅可以提高故事育人的效果和影响力，还可以为学风建设注入新的活力和动力。

综上所述，推动故事育人与学风建设的融合发展是一项具有重要意义的工作。它不仅需要辅导员的积极努力和探索创新，还需要社会各界的支持和关注。

### （三）辅导员要扮演好学业规划的角色

学业规划指导占据着举足轻重的地位，可借助故事案例以及实际活动经历对学生开展学业规划。辅导员作为学生成长道路上的重要引路人，其角色远超过传统意义上的教育者。他们不仅要教授知识，更要帮助学生建立清晰、可行的学业规划，以应对日益激烈的学术竞争和未来的职业挑战。学业规划不仅仅是制定一个学习计划，它还涉及学生的个人兴趣、能力特长、未来职业目标等多个方面。辅导员需要深入了解每个学生的情况，结合市场需求和个人发展愿景，为他们量身定制合适的学业路径。例如，对于有志于从事科研工作的学生，辅导员可以帮助他们规划科研实践、论文发表等学术活动，提升他们的研究能力和学术素养。辅导员还需要关注学生的学习进度和成绩变化，及时发现并解决他们在学业上遇到的困难和问题。通过定期与学生沟通、分析学习数据、组织学习辅导活动等方式，辅导员可以帮助学生克服学习障碍，提高学习效率，确保他们能够按照规划顺利完成学业。

在学风建设中故事育人的应用具有广阔的前景和巨大的潜力。辅导员可以通过组织主题班会、讲座、读书会等形式，引导学生分享和讨论与学风建设相关的故事，让学生在互动和交流中深化对学风建设的认识和理解。此外，辅导员还可以结合学生的实际情况和兴趣爱好，设计富有创意和针对性的故事育人活动，以更好地满足学生的需求和期待。例如，在某高校中，辅导员张老师通过组织“学风故事”的分享会活动，邀请学生中的优秀代表分享他们的学习经验和成长故事。这些故事既有关于勤奋学习的，也有关于克服困难的，还有关于团队合作的。通过分享和讨论这些故事，学生们不仅受到了启发和激励，还更加深入地认识到了学风建设的重要性。同时，张老师还结合学生的反馈和需求，不断调整和优化活动内容和形式，使故事育人更加贴近学生的实际生活和学习需求。这种融合故事育人与学风建设的做法，不仅提高了学生的学习兴趣和积极性，还促进了整个学校的学风建设。

### （四）辅导员要提供学术支持和相应辅导服务

辅导员作为学生成长道路上的引路人，不仅要关注学生的日常生活和心理健康，更要为他们在学术上提供有力的支持。提供学术支持和辅导服务也是辅导员工作的重要职责之一。通过深入了解学生的学习情况和学术需求，提供个性化的指导和支持，举办学术讲座和活动，以及关注学生的学习过程和学习态度，辅导员可以为学生在学术上提供有力的支持和帮助，促进他们的全面发展。

在学术支持方面，辅导员需要深入了解学生的学习情况和学术需求，针对不同学生的特点提供个性化的指导。辅导员可以通过选择与讲述合适的育人故事进行个性化的学业指导。比如对于学习成绩优秀的学生，辅导员通过讲述优秀校友的学习与竞赛故事可以引导他们参与科研项目和学术竞赛，提升他们的创新能力和综合素质；对于学习成绩较差的学生，辅导员则需要帮助他们分析原因，制定合理的学习计划，提供必要的学习资源和辅导，帮助他们逐步提高学习成绩。

除了个性化的指导，辅导员还可以通过举办学术讲座、研讨会等活动，为学生提供更广阔的学术视野和更丰富的学术资源。这些活动不仅可以帮助学生了解学科前沿动态和最新研究成果，还可以激发他们的学术兴趣和热情。

在辅导服务方面，辅导员需要关注学生的学习过程和学习方法，帮助他们培养良好的学习习惯和自主学习能力。例如，辅导员可以通过定期的学习指导、学习技巧培训等方式，帮助学生掌握有效的学习方法和策略；同时，他们还可以通过与任课教师的沟通和协作，及时了解学生的学习情况和反馈，为学生提供及时的学习支持和帮助。

此外，辅导员还需要关注学生的学习动力和学习态度，帮助他们建立正确的学习观念和学习目标。通过与学生进行深入的交流和沟通，辅导员可以了解他们的学习困惑和心理压力，为他们提供必要的心理支持和帮助；同时，他们还可以通过激励和表扬等方式，激发学生的学习兴趣和动力，促进他们的全面发展。

## 四、实践案例故事

在辅导员的育人实践中，创新应用故事育人策略取得了显著成效。辅导员运用故事育人方法，通过讲述身边优秀学生的学习成长故事，不仅可以激发学生的学习动力和自信心，还能较好地促进班级学风建设。因为这些故事不仅具有真实性和可信度，而且贴近学生的生活实际，容易引起共鸣。例如在给高职院校学生进行学业规划与指导时，辅导员就可以讲述大家身边优秀同学的成长故事，以此来引导学生认识到自己的潜力和可能性，鼓励他们积极面对挑战，追求卓越。

### （一）挖掘身边故事，引导学业规划与管理

在班级学风建设工作中，辅导员要对故事育人的理念作深入理解和灵活运用。通过挖掘和分享身边的优秀故事，辅导员不仅能够激发学生的学习兴趣和动力，还能帮助他们掌握较好的学习方法并树立正确的价值观和人生观。同时，这种策略也有助于加强班级学风建设，促进学生全面发展，还可以作为辅导员同行之间学习与交流的案例故事。以下是辅导员通过公众号向学生推荐的成功专升本的劳璇同学所撰写的学习奋斗故事。

#### 为梦想插上翅膀　终将飞向星辰大海

虽然我在湖南工商大学不知不觉迎来了第二个学期的学习生活，但去年

准备专升本考试的种种情形仍然历历在目。

升入本科可能是我在商务职院专科三年最强的能量爆发吧！为了这一刻我蓄力了整整三年。我大概和一些同学不太一样，因为升本并不是在快毕业了才涌现出的想法，而是在踏入商职的那一刻就在心中暗暗播下了梦想的种子。记得在大一期间，我和大部分的学弟学妹一样的迷茫，目标、方向、梦想导航等资源信息似乎都捕捉不到，唯一确定的就是专升本考试在大三第二学期举行，以及升本报名资格为本专业学业成绩的前百分之二十，剩下的就是无尽的焦灼和漫长的等待。

在等待的这几年中我告诫自己一刻都不能懈怠。我深知人是有惰性的，一旦习惯了舒适圈的生活想要跳出去就很困难了！而且自己也不是属于很聪明的那一类人。既然自己没有什么学习天赋，那就只能用多出别人一倍甚至是N倍的努力和坚持去无限接近在别人看来顺其自然的优秀。我时刻勉励自己，毕竟现在我攥在手上的就只有自己的青春，也就是说成与败就在于我自己愿不愿意用青春与热血去为未来拼搏，是否愿意舍弃过度的社交娱乐而以孤独为伴。直到现在，我仍然坚信这是决定自己最后取得成功的关键要素。

至于我在商职学习与生活的三年，我觉得在自己身上并非有过传奇故事，只是时刻提醒自己要保持备战状态。因为自己已经确定了远大目标，所以在商职的三年里我合理管理自己的时间与生活，不仅保持了专业成绩第一的状态，而且考取了我需要的所有技能证书。同时为了能让自己能够适度解压，我将写作当作解压方式。写作不仅提高了我对文字的兴趣，同时也让我在这三年中拿到了很多奖项。即使是处于等待的时期，也要学会好好沉淀自己，这样才能发现自己诸多隐匿的优点，以此增强追梦的自信和底气。

至于大三那年，其实我也是有点慌乱的。因为专升本考试的准备时间和专业实习的时间是重合的，这就意味着自己要忙里偷闲，而且还不能做无用功。这无疑对于我来说是一个很大的挑战。我在十二月到二月中旬的时候是真的很累，每天朝九晚五的工作实习回到家后差不多都八点来钟，匆匆吃完晚饭洗个澡就十点了！这时候的我拿起书来眼皮直打架，身体也是僵硬的。不过现在回过头来回味那段岁月，我觉得毕业实习还是让我有了不少的收获，诸如工作经验、为人处世技巧等等。

这里我要特别温馨提示学弟学妹们在校期间一定要抽时间锻炼好自己的身体，不然后期面临心理和身体的双重压力时很容易身心崩溃（毕竟我就崩溃过，失眠一个月靠安眠药才能勉强睡觉，现在都还有后遗症）。

过去的2020年对于国人而言是极不平凡的一年，但全年同心抗疫的华夏子孙用顽强的毅力咬牙挺过来了！但危机同时也是契机。由于疫情这个特殊因素，导致专升本考试推迟了差不多一个月。这为我腾出了不少复习时间，考纲出来后我根据先前自己对于专业书的理解，一个一个知识点去梳理并总结成笔记。记得进入考场前我把两本专业书以及平常做的笔记从头到尾认真背了大概三四遍。至于备考英语课程方面，我每天都坚持记背单词，积累好句。所以当时上考场心里还是有点底的，能在最后将心态放好可能也是我成功的另一个重要因素吧！

最后，我想用这段话与学弟学妹们共勉：耕耘未必有收获，但是不耕耘便一定不会有收获！永远不要放弃自己，做好自己，朝自己的目标努力奋进吧！功夫不负有心人，只要为梦想插上翅膀，你终将飞向星辰大海！

**劳璇：**湖南工商大学旅游管理专业18级旅管2班学生，曾为湖南商务职院17旅管1班学生，国家奖学金获得者，三好学生标兵，省级优秀毕业生。

### （二）讲述奖学金获得者故事，促进班级学风管理

辅导员在管理班级学风时，要懂得优秀班集体的成长离不开优秀“领头羊”的带头效应，也要明白仅靠自己的空洞说教是无法让班级学风变得优秀的道理。因此，在实践工作中，辅导员可以结合班级具体情况，深入了解班级整体学习情况，一方面与任课教师多交流沟通，另一方面要用心挖掘并利用同学们自己身边的优秀案例，利用班会、团建等活动或与学生谈心谈话的契机多讲述一些学习优秀的学生故事，争取用故事来感染和激励每一位学生自主学习。只有每一位学生对待学习认真了，并且还能科学处理与学习和生活相关的问题，那么这个班级的学风自然而然地就会变得很优秀了。以下是一名辅导员在组织评选完国家奖学金后，向同学们讲述了获得国家奖学金的

小唐同学的青春奋斗故事，她不仅学习成绩好，而且在思想和工作上的突出表现都值得同学们学习。以下是根据录音整理出来的故事内容：

当小唐考入本校的第一天起，她就立志自己一定要通过刻苦努力成长为一名品学兼优的新时代大学生。从此，她便开始了紧张而又充实的大学生活。她时刻以一名优秀大学生的标准严格要求自己，在思想、学习、工作等各方面取得了巨大的进步。

她思想积极要求进步，具有坚定、正确的政治方向。大学期间，她认真学习马克思列宁主义、毛泽东思想和中国特色社会主义理论体系，坚持科学的发展观。大一上学期自主报名“湖南青马在线”，培训期间表现优秀。小组寒假拍摄的短视频在湖南青马举行的“寒假主题社会实践活动”中被学校推优，作为团队负责人和相关老师参与了星辰在线拍摄的中国红青年 vlog，最终视频被推到“学习强国”“人民日报”等 App。

学习上，她勤奋刻苦，孜孜以求，不曾有丝毫的懈怠。课上她认真听讲汲取知识，课下她勤于思考拓展自己的思维。身为学生干部的她，充分利用时间，提高效率，用无限的热情来支配有限的精力，做到了工作、学习两不误。在各科的学习中都取得了优异的成绩。获得了校级“一等奖学金”。

在学习之余，她还注重对自己实践能力的培养。在暑假参加了暑期“三下乡”社会实践活动。原创视频“后浪带你云下乡·平江惨案遗址”成功投稿至中青网。平常假期里她经常寻找与自己专业对口的社会实践活动，注重理论与实践相结合。

身为班长的她及时传达学院的通知、转达学生的意见，跟辅导员一起做好了班级管理和沟通工作。大学生涯的众多的经历，让她积累了大量的学生活动经验，也提高了自己的综合能力。生活中的她乐观开朗，乐于助人。同学遇到困难她都会急人之难。学校大大小小的志愿活动也总能看到她的身影，进入大学以来参加了十余起志愿活动，还荣获了青年志愿者协会的优秀会干部荣誉。她还先后获得“军训优秀学员”“校协会积极分子”和“校三好学生”等荣誉称号。

在本次国家奖学金的评选活动中，她以综合量化分高出第二名30多分的绝对优势脱颖而出，成为他们学院唯一获此殊荣的女生。

如果同学们都能受故事主人公小唐同学的感染，各自在学习、思想和工作上向小唐同学学习和看齐，那么其所在班级的学风必然得以提升。

### （三）展示校友故事，勉励学好专业知识

在专业学习上只要自己立大志，肯吃苦，必将会实现自己最初的梦想。对于高职院校的学生而言，如果自己能在学有所成后还能在社会大舞台领到“技术能手”的奖牌，估计是很多学生的夙愿吧。为了引导更多的学生认真学好专业，朝着大国工匠的梦想努力，辅导员可以讲述同学们身边的成长励志故事来达到这一初衷。以下是优秀毕业生谷祥慧的励志故事，他花了不到几年的时间就从一名普通的高职生成长为省级技术能手。

#### 普通高职生逆袭为省级技术能手

道阻且长，行则将至；行而不辍，未来可期。前方的路会有曲折，但也充满希望。记得自己当初在人民网的抖音号里刷到习近平主席引用《荀子》名言的这个短视频时，我的心不禁为之一震，共鸣之情难以溢于言表。是啊，回想自己从一名普通的高职生成长为“湖南省技术能手”和“全国百名优秀导游”，一路走来真可谓是道阻且长，但生性达观的我为了可期的未来始终行而不辍。

我叫谷祥慧，出生于素有旅游胜地之称的张家界，从小受到当地旅游文化的熏陶，对文旅行业非常向往，立志长大后当一名优秀的文旅达人。于是高中毕业填报志愿时，我义无反顾地选择了湖南商务职业技术学院的旅游管理专业。

回想起2012年刚踏入校园时的我，那时候对大学生活里的一切新鲜事物都充满了好奇。

一直以来我始终认为大学是一个人进入社会的一个缓冲区，也是人生当

中一个非常重要的蓄能阶段，因为我既能在学校刻苦学习又能近距离接触社会。大学里印象尤为深刻的是辅导员的辅导员阙老师在班会上非常注重并耐心指导大家如何科学规划大学生涯。正是在各位老师和领导的引导与鼓励下，我不断积极探索让专业学习与实践活动两不误的科学路径。

我从大学一年级开始便担任班长一职，积极为班级的管理和建设贡献自己的绵薄之力。同时我还积极加入了系部学生会，与小伙伴们一起参与、组织了多项大型学生活动。大一下学期我成功竞选为系部学生会副主席，一学期后我带着师长们的鼓励和同学们的支持又成功竞选为系部学生会主席。

当然，我一刻也不曾忘记自己作为一名学生的天职——认真学习。在“厚德明志，立信强能”的校训的滋养下，我一直认真努力提升自己的文化素养，积极主动提高导游业务技能。

在校期间我多次获得专业奖学金和“优秀干部”称号，并被评选为“湖南省优秀毕业生”。我还参加了“湖南省高职院校技能大赛”最终获得一等奖。我还以个人身份参加湖南省导游大赛并进入第二轮复赛。虽然最后止步于复赛，但我身为一名在校学生能和旅游行业许多优秀的前辈同台竞技，这样的经历足以让我兴奋不已。从此，在我心底埋下了一颗立志以后向他们看齐的种子。我立志要做湖南的优秀导游，讲解家乡美景，传播家乡文化。

2015 年 6 月从学校毕业后，我就来到湖南华天国际旅行社实习并工作。我从最初的实习生坐班，到接送飞机，再到尝试带团，从地接到国内全陪再到出境领队，其间事无巨细但我无不脚踏实地虚心学习，因为我深深懂得道阻且长，行则将至。

记得刚毕业那年，我负责接待了一个从境外来湖南旅游的华侨团。他们的平均年龄都在 70 岁以上，他们自小离开祖国到现在，已有几十年没回来过了。他们此行特意回来寻根问祖，顺便好好看看祖国的大好河山。华侨团在张家界的几天行程中，几位老人年事已高，腿脚不便，但内心又十分期望能够最后多看看故乡的山水。于是他们执意要走遍每一个景点，爬上每一座高山，把故乡的山水牢牢印在脑海里。鉴于此，我在行程中热心地照料每一位老人，为他们详细讲解每一个景点背后的故事。其中有一位老奶奶离开故乡已有70年了，回到故乡的她心情十分激动。在游览黄龙洞景区时，她不顾腿脚不便执意要进入洞内全程参观。众所周知游览黄龙洞全程3.2公里，洞内共四层，上上下下有上千个台阶，洞内最窄处仅能一人通行。出于安全以及老人的身体状况考虑，我曾多次好心劝阻她。她却说："我老了，不知道以后还有没有机会能再回故乡看看。现在我还能走得动，我希望能多看一看，也不会后悔了。"望着眼前这位对故乡有着深深眷恋的海外老人，我决定无论如何也不能让老人此行有半点儿失望和遗憾，于是我便全程贴身陪伴在她身旁，照顾她慢慢前行。后来老人在洞内走了1个多小时后，便开始体力有些不支，为了能够圆老人走完全程这一心愿，我尽管也疲惫不堪，但仍毅然决然地背着老奶奶走完了后面的一段路。出了景区，老人热泪盈眶说道："小谷真的谢谢你，要不是你我可能就出不去了。"在后续的行程中，我都像家人般无微不至地对待几位老人，自然而然地获得了大家的一致好评。临别前，团里每个人都流下了不舍的眼泪。就在团友们和我相拥告别时，那位老奶奶偷偷把一封感谢信和一份小礼物塞进了我的背包里。她怕我拒绝，直到大伙儿都进了候机厅才打电话告诉我。这一份沉甸甸的感谢，我想是游客们对我工作的最好认同。

工作6年来，我一直秉持着"游客为本，服务至诚"的工作理念。"多一点细心，多一点包容，多一点倾听，多换位思考"，我经常这样告诫自己。工作中我都会用心对待每一个细节，绝不敢打一丁点儿的马虎眼。在每次接待旅游团队时，我会认真考量所接团队的特色，比如遇到中老年人占比较多的团队，我就会适当减缓游览进程，尽量为大家的身体因素考量；遇到游客提出的疑问与合理要求，我也会知无不言地耐心解答，在力所能及的条件下能帮尽帮。

至今在团队接待任务上，我很幸运自己都是零投诉。我曾完成过多次省台办、团省委的重要接待，也负责接待过海峡两岸青少年交流，"湘港"青年文化交流，"湘澳"青年文化交流等活动，也参与了"中非经贸博览会""红色旅游博览会"的贵宾接待任务。因工作原因，截至目前我去过全国大多数地区，以及大洋洲、迪拜等10几个国家和地区。我接待过的客人，有来自三湘四水、大江南北以及世界各地的。每次接待我都以自己饱满的热情引导客人们了解、熟悉国家的大好河山，积极传播中国文化和认真讲好中国故事。

**谷祥慧**：我校 2015 届旅游管理 1 班班长，曾任二级学院学生会主席，省级优秀毕业生与校级优秀干部，在校期间多次荣获校级专业奖学金，并获得“湖南省高职院校技能大赛”一等奖。毕业至今获得全国导游大赛铜奖和湖南省导游大赛金奖，被评为“全国百名优秀导游”，荣获湖南省“五一劳动奖章”“湖南省技术能手”“长沙市优秀青年岗位能手”等一系列称号。

## 第三节　学生日常事务管理中的故事育人

辅导员不仅是学生的引导者，更是其成长道路上的守护者。他们负责处理学生的日常事务，如住宿、课程安排和纪律处分等，确保学生能够顺利完成学业。

在高校教育中，辅导员作为与学生接触最密切的教育工作者，具有得天独厚的优势来运用“故事育人”策略。相关研究表明：辅导员运用“故事育人”策略在学生日常事务管理中的实践，不仅有助于提升辅导员的教育能力，也有助于推动高等教育质量的提升。

### 一、辅导员在大学生事务管理中的角色定位

《普通高等学校辅导员队伍建设规定》中明确辅导员在学生日常事务管理方面需要履行的工作职责包括：要开展入学教育、毕业生教育及相关管理和服务工作，组织开展学生军事训练，组织评选各类奖学金、助学金，指导学生办理助学贷款，组织学生开展勤工俭学活动，做好学生困难帮扶，为学生提供生活指导，促进学生和谐相处、互帮互助。

在大学生事务管理中，辅导员的角色定位至关重要。然而，随着学生群体的多样性和复杂性的增加，辅导员在学生日常事务管理中所面临的挑战也

日益增多。他们在处理学生日常事务时感到压力较大，主要包括学生心理问题、学业困难、人际关系纠纷等问题。

辅导员通过运用故事育人的方法，能够更有效地履行大学生日常事务管理的工作职责。以某高校为例，近年来该校辅导员在处理学生宿舍矛盾时采用了“故事育人”的策略。他们通过讲述发生在校园内的真实故事，引导学生理解并尊重彼此的差异，从而有效化解了矛盾。这一案例表明，“故事育人”不仅有助于解决具体问题，还能在潜移默化中培养学生的品格和价值观。

此外，辅导员通过讲述富有启发性的故事，可以帮助学生解决人际关系问题。学生表示，在辅导员讲述的相关真实案例故事的影响下，他们渐渐学会了如何更好地处理与同学之间的矛盾和冲突。辅导员讲述的这些故事不仅提供了解决问题的方法，还让学生从中汲取了人生的智慧。

辅导员还通过故事育人来提升学生的自我认知。辅导员通过分享名人成长的故事，引导学生反思自己的行为和价值观，从而帮助学生形成正确的自我认知。在促进团队协作和领导力发展方面，辅导员同样可以通过故事育人发挥重要作用。例如通过分析企业团队合作的经典案例，辅导员可以帮助学生理解团队协作的重要性，并学习如何在团队中发挥自己的作用。这样的故事不仅增强了学生的团队意识，也为他们未来的职业生涯打下了坚实的基础。

综上所述，辅导员在大学生事务管理中的角色定位是多维度的，他们通过运用故事育人的方法，不仅能够解决学生面临的实际问题，还能够促进学生的全面发展和自我成长。这种以故事为载体的教育方式，既符合教育心理学的基本原理，也符合大学生成长的实际需求。

## 二、大学生日常事务管理的现状

目前很多辅导员停留在传统的大学生事务管理模式中，其角色往往局限于日常行政管理和学生纪律的维护，对很多事务管理通常采用“一刀切”的方式，缺乏对学生个体差异的考虑。这种管理方式中学生往往被视为被动接受管理的对象，而非积极参与和自主成长的主体。例如在处理学生问题时，往往采用固定的流程和标准，忽视了不同学生可能存在的特殊情况和需求。这样不仅难以取得理想的效果，并且还可能引发学生的不满和抵触情绪。

另外，辅导员角色被赋予更多的是执行者而非引导者，他们侧重于处理学生的日常问题和违规行为，而忽视了对学生个体成长和全面发展的关注。广大学生表示在传统的事务管理模式下感到被忽视和无法获得有效的帮助。其中不乏因心理压力过大而产生学业困扰、人际关系紧张甚至心理疾病的学生。这些情况充分说明了传统大学生事务管理模式的局限性和不足。

随着社会的快速发展和科技的进步，大学生事务管理面临着前所未有的新挑战。一方面，信息爆炸使得大学生接触到的信息量和知识广度远超以往，他们的思想观念和价值取向更加多元化。在与学生相处过程中，辅导员感觉大部分学生更倾向于通过社交媒体和网络平台获取信息和交流思想，这无疑增加了自己在引导和管理学生事务上的难度。

另一方面，大学生面临的压力也日益增大。学业压力、就业压力、人际关系压力等多重因素交织在一起，使得大学生的心理健康问题日益突出。近年来大学生心理健康问题的发生率呈上升趋势，不乏因为无法有效应对压力而导致的极端事件。因此，如何帮助大学生有效应对压力，提升他们的心理素质，成为辅导员事务管理中的重要任务。

此外，随着高校国际化程度的提高，大学生事务管理还面临着跨文化交流的新挑战。来自不同文化背景的学生在校园内交流学习，虽然带来了丰富的文化体验，但也因为文化差异而产生了不少误解和冲突。如何促进不同文化背景下的学生之间的理解和融合，成为辅导员需要面对的新课题。

面对这些新挑战，辅导员需要不断创新和实践，运用故事育人的方法，引导学生正确面对和处理各种问题和压力。例如，通过讲述一些成功应对压力、克服困难的故事，可以帮助学生增强自信心和抗压能力；通过分享一些跨文化交流的故事和案例，可以促进学生之间的理解和尊重。这样，不仅能够提高大学生事务管理的效果和质量，还能够为学生的全面发展和成长提供有力的支持。

因此，辅导员在大学生事务管理中，应当充分发挥故事育人的优势，通过引导和启发，帮助学生自主思考和解决问题。这样，不仅能够应对当前面临的挑战，还能够为学生的未来发展奠定坚实的基础。

## 三、大学生事务管理中故事育人的意义

辅导员故事育人在大学生事务管理中的长远意义不容忽视。通过故事育人，辅导员不仅能够有效地解决学生面临的实际问题，更能培养学生的综合素质和终身受益的能力。这种教育方式不仅具有即时效果，更在学生的成长过程中发挥着潜移默化的作用。

首先，辅导员故事育人有助于培养学生的情感认同和道德观念。通过讲述真实或虚构的故事，辅导员能够引导学生深入思考，从而培养学生的同理心和道德判断力。这种情感认同和道德观念的培养，不仅有助于学生在校园内形成良好的人际关系，更能为学生未来的社会生活和职业发展奠定坚实的基础。

其次，辅导员故事育人能够提高学生的自我认知和问题解决能力。通过引导学生参与故事的讨论和反思，辅导员能够帮助学生更好地认识自己，了解自己的优点和不足。同时，故事中的情境和问题也能够为学生提供实践的机会，帮助他们在实践中提高问题解决能力。

此外，辅导员故事育人还能够促进学生的团队协作和领导力发展。在故事中，学生往往需要扮演不同的角色，共同完成某个任务或解决某个问题。这种过程不仅能够培养学生的团队协作精神，还能够为学生提供锻炼领导力的机会。从长远来看，这种团队协作和领导力的发展将为学生未来的职业生涯带来重要的影响。

综上所述，辅导员故事育人在大学生事务管理中的长远影响是多方面的。辅导员通过运用“故事育人”策略，能提升学生事务管理的效果。辅导员还可以结合学生的实际情况，组织编写一系列富有启发性的故事，通过这些故事来引导学生树立正确的价值观和人生观，积极应对和处理大学生活中的各项事务。这种策略不仅增强了学生的自我认知和社会责任感，还提高了他们

的满意度和归属感，更能促进其处理日常事务能力的提升。因此，学校应该重视辅导员故事育人的作用，充分发挥其在大学生事务管理中的优势。

## 四、大学生事务管理中故事育人的实践策略

### （一）选择合适的育人故事和育人形式

在辅导员运用故事育人的实践中，选择合适的故事内容与形式至关重要。故事的选择应当紧扣大学生日常事务管理内容，贴近学生的生活实际，既能够引起他们的共鸣，同时蕴含深刻的教育意义。例如可以选择一些具有普遍性的社会问题，通过故事的形式展现出来，引导学生进行深入思考。此外，故事的形式也应当多样化，可以是真实的案例、寓言故事、历史人物传记等，以满足不同学生的兴趣和需求。辅导员还可以结合学生的专业特点和兴趣爱好，选择与之相关的故事内容和形式。例如，对于理工科的学生，可以选择一些与科技创新、团队协作相关的故事；对于文科的学生，则可以选择一些与人文关怀、社会责任相关的故事。这样不仅能够激发学生的学习兴趣和动力，还能够使故事育人更加贴近他们的实际需求。辅导员还可以选取一些发生在学生身边的典型事件，通过讲述这些事件的过程和结果，引导学生分析其中的问题和原因，从而培养他们的批判性思维和解决问题的能力。这种方式不仅能够增强学生的参与感和代入感，还能够使他们在实践中学习和成长。

比如为了加强班级管理对班、团干部进行培训时，辅导员还可以利用一些经典的教育模型来引导学生深入思考。比如“情境领导力”模型，可以让学生干部们分析故事中的领导者是如何根据不同情境调整自己的领导风格的。通过这样的分析，学生干部可以更加深入地理解领导力的内涵，并思考如何在自己的班级管理工作中发挥领导力。在辅导学生群体参加相关竞赛活动时，辅导员除了维护基本组织纪律外，还需要充分调动成员之间的默契与配合。为了达到这一效果，辅导员可以在辅导的过程中巧妙地讲述一些参赛团队如何一步步成功的故事，并组织学生进行小组讨论，让他们分析故事中团队成员之间的合作与沟通方式。通过讨论，学生可以深入思考自己在团队中的角

色和责任，以及如何更好地与他人协作。这样的活动不仅能够加深学生对故事的理解，还能够锻炼他们的批判性思维和解决问题的能力，能更好地促进学生之间和谐相处。

当然，辅导员也不能忽视名人名言的力量。在讲述故事的过程中，辅导员可以适时地引用一些与故事主题相关的名人名言，以此来引导学生进行深入思考，帮助处理常见的各类事务。这些名言往往蕴含着深刻的智慧和人生哲理，能够激发学生的思考热情，并激励他们在实际行动中践行这些智慧。

在辅导员运用故事育人的实践中，选择合适的故事内容与形式是提升教育效果的关键。通过贴近学生生活实际、多样化的故事形式以及借鉴经典教育理论和分析模型等方式，可以使故事育人更加生动、有趣、有效。

### （二）创设良好的故事育人情境与氛围

在辅导员运用故事育人理念开展日常事务管理的实践中，创设良好的故事情境与氛围至关重要。这不仅能够吸引学生的注意力，还能增强故事的感染力和说服力。为了营造这样的情境，辅导员需要精心选择故事内容和形式，确保故事与学生的实际生活紧密相连，能够引起他们的共鸣。例如，在学生班团活动开展过程中，为了培养其班集体意识和团队协作精神，辅导员可以通过讲述团队合作的故事来达成预期目标。辅导员通过设定一个具体的团队项目背景，让学生感受到故事中的情境与他们的实际经历相似，从而更容易投入其中。

辅导员还可以利用现代科技手段，如多媒体、虚拟现实等，来增强故事的视听效果，营造出更加逼真的故事情境。这样的技术手段能够让学生更加直观地感受到故事中的情节和人物情感，从而更加深入地理解和体验故事所传达的价值观。比如在开展毕业生就业指导时，为了引导学生到基层和祖国最需要的地方建功立业，辅导员除了讲述一些在边疆或基层的优秀毕业生故事，还可以在毕业班会上播放《榜样》《感动中国年度人物》等纪录片，让学生沉浸在直观、生动、感人的故事氛围中，以此激发起情感共鸣，自觉地向故事主人公学习，用自己所学为国家建设添砖加瓦。

在创设故事氛围方面，辅导员可以通过调整讲述语气、节奏和表情等方式，来营造出不同的情感氛围。例如，在讲述贫困生感人至深的励志故事时，辅导员可以采用柔和的语气和缓慢的节奏，让学生感受到故事中的温情和感动。而在讲述一个充满挑战和奋斗的故事时，辅导员则可以采用激昂的语气和快速的节奏，激发学生的斗志和激情。

辅导员在创设故事情境与氛围时，也应该遵循这一原则，通过合理的想象和创造，让故事更加生动、有趣、富有启发性。这样不仅能够吸引学生的注意力，还能激发他们参与日常事务管理的积极性，为他们的全面发展提供有力支持。

### （三）创新育人路径注重育人效果

在辅导员运用故事育人的实践模式中，拓展与优化是关键。传统的故事育人方式可能更多地依赖于辅导员的个人经验和口头讲述，但随着技术的发展和教育理念的创新，辅导员可以探索更多元化的实践模式。在实践工作中，辅导员可以建立故事育人平台，利用现代科技手段，如虚拟现实（VR）和增强现实（AR），辅导员可以创建更加生动、逼真的故事情境，让学生在沉浸式的体验中学习和成长。这样的拓展不仅丰富了故事育人的形式，也提高了学生的参与度和学习效果。

除了技术手段的拓展，辅导员还需要关注故事育人内容的优化。在选择故事内容和形式时，辅导员应充分考虑学生的年龄、性别、文化背景等因素，确保故事能够引起学生的共鸣和兴趣。同时，辅导员还可以结合学生的实际需求，设计具有针对性的故事主题，如职业规划、人际交往、心理健康等，以帮助学生解决实际问题。

此外，辅导员在故事育人的过程中，还可以引入数据分析的方法，以评估故事育人的效果。例如，通过收集学生的反馈意见、观察学生的行为变化等方式，辅导员可以了解故事育人的实际效果，并根据评估结果对故事内容和形式进行调整和优化。这样的做法不仅提高了故事育人的科学性和有效性，也为辅导员的专业成长提供了有力支持。

辅导员在拓展和优化故事育人实践模式时，也应注重培养学生的问题意识和批判性思维。通过引导学生深入思考和讨论故事中的问题和情境，辅导员可以帮助学生形成独立思考和解决问题的能力，从而为学生的全面发展奠定坚实基础。

## 五、实践案例故事

### （一）通过真实故事引导学生妥善处理人际关系

在大学生事务管理中，辅导员引导学生较好地处理人际关系意义重大。辅导员运用故事育人的方式，不仅能够有效传递价值观，还能在解决实际问题中发挥重要作用。以故事引导学生解决人际关系问题为例，辅导员可以看到故事育人理念在实践中的独特魅力。

人际关系问题是大学生常见的困扰之一，辅导员通过讲述一个关于友情和沟通的故事，让学生们在故事中找到了解决现实问题的灵感。这个故事可能是一个真实的案例，也可能是辅导员根据教育心理学原理编创的。无论如何，故事的核心是引导学生认识到人际关系中的误解和冲突往往源于沟通不畅，而有效的沟通则是建立良好人际关系的关键。

在故事中，辅导员可能通过角色扮演、小组讨论等方式，让学生们深入参与，体验故事中的情境。这样的互动不仅增强了学生们的参与感，也让他们在实践中学习如何运用沟通技巧来解决问题。例如，在故事中，当主人公遇到人际冲突时，辅导员会引导学生思考："如果你是主人公，你会怎么做?"通过这样的问题引导，学生们开始反思自己的沟通方式，并尝试找到更有效的解决策略。此外，辅导员还可以结合故事中的情节，教授学生们一些具体的沟通技巧，如倾听、表达、反馈等。这些技巧不仅适用于解决人际关系问题，也对学生们的日常学习和生活有着积极促进作用。通过故事育人的方式，辅导员不仅帮助学生解决了实际问题，还提升了他们的综合素质。比如在学校的学生教学信息员表彰大会上，有一名同学的发言就讲到了自己是如何处理好个人与班级、学生与教师、干部与同学等各类人际关系的。他的发言和经历也可作为广大学生建立良好人际交往的参照与指引。以下是根据其发言过程整理出来的发言稿。

各位优秀的学生教学信息员大家中午好，我是来自20连锁1班的王铖。在过去一学年的学委也就是学生教学信息员任期中，我对学生教学信息员一词有了诸多的定义。

首先，学生教学信息员对于我而言有着非同寻常的含义，在班级担任学习委员，遇到的最大矛盾和问题就是班级同学的不理解，身为学委，我们必须严格执行班级考勤制度，又要兼顾与班级同学之间的关系，如果处理不当就会产生一系列不好的影响。我在过去一学年的学委任期间因为班级考勤制度，有许多同学对我暗自不爽，导致我在班级评优评先上错失了一些机会，经历这些事情，对于每一位学委来说都是自己不愿意看到的，很容易影响到自己的心态，从而怀疑自己，我也不例外，但我也能积极调节自己心态问题，没过多久就摆正了自己位置，在其后我也积极寻找问题，去调解双方关系，目前我与我们班同学关系也已经达到了正常，这件事让我懂得了换位思考，积极调整心态。

其次，学生教学信息员也是自己班级的风向标，也是老师对一个班级的第一印象，更是一个班级优良学风的创建者。请大家试想：如果我们自己都不能做到上课听讲，尊师重道，那么一个班级的优良学风也将无法创建，这个班级的整体表现也将不言而喻。在过去的一学年里，我积极回答课堂提问，不论什么课都坐在第一排，以此带动班级学习氛围。我个人连续两次获得专业第一，在第一次期末考试中专业排名前三的全都是我班同学。因此，我们学习委员应当全方位提升自身的综合素质，并潜移默化影响其他同学，进而创建一个学风优异的班集体。

最后，我们学生教学信息员需要在做好班委工作的同时，也要积极努力实现个人价值。大学课堂上教的东西大都是理念，我们只有积极参与各种各样的活动与比赛，才能将课堂上所学到的理论知识运用到实践中，才能更好把握知识的运用。我就在过去的学习期间，参加了“互联网+”大学生创新创业大赛，黄炎培职业教育奖创业规划大赛，每一项比赛都是自己认真付出后获得的结果，最终因为这些比赛，和我专业第一的成绩，让我获得了国家奖学金，这就是人生价值的实现。

学生教学信息员的工作远不止如此，例如：学委是老师与班级之间的桥梁，是老师的第一助手，需要做好学校的教务工作等。身为学委，每班的情况不同，遇到的困难也会不同，我们能做的就是提升自己的综合能力，实现自己的人生价值，严谨负责地对待每一份工作，及时传递老师和学校的信息，为同学负责，也对自己负责。

值得一提的是，这种故事育人的方式并不是孤立的。它与其他教育方式相辅相成，共同构成了大学生事务管理的完整体系。例如，在理论课堂上，学生们可能学习了人际关系的理论知识；在实践活动中，他们则通过亲身体验来应用这些知识；而在辅导员的故事育人中，他们则得到了情感和价值观的熏陶。这样的综合教育模式有助于培养学生们的全面素质，使他们在面对人际关系问题时能够从容应对。

综上所述，辅导员通过故事引导学生解决人际关系问题是一种富有成效的教育方式。它不仅能够帮助学生们解决实际问题，还能提升他们的沟通能力和综合素质。在未来的大学生事务管理中，这种故事育人的方式将继续发挥重要作用，为培养更多优秀的人才贡献力量。

### （二）依托优秀贫困生故事开展贫困生群体的励志工作

在辅导员运用故事育人的实践中，帮助学生提升自我认知是一个重要的目标。通过精心选择的故事内容和形式，辅导员可以引导学生深入反思，在增强其本身的自我意识和自我理解的基础上，助力整个学生群体都能积极向上和成长成才。

辅导员在管理大学生日常事务的过程中，要注意到不同学生在自我认知方面存在的差异。为了更好地满足学生的个性化需求，辅导员在后续的辅导活动中要针对不同学生的特点，选择不同的故事内容和形式。这种个性化的辅导方式不仅提高了辅导效果，还增强了学生对辅导员的信任和依赖。比如辅导员在每年开展的贫困生认定与助学金评选工作中，总会遇到因贫困感到自卑、迷茫但又不知道如何在大学生活中突破和超越自己的贫困生，并且这部分学生还不在少数。为了做好贫困生群体的励志教育，辅导员在贫困生认定会议和单独谈心谈话环节可以讲述一些优秀励志的贫困生成长故事，以此引导他们正视自己眼下贫困的现实，并要树立“穷且益坚，不坠青云之志”的理想抱负。以下就是辅导员讲述的故事之一：

刘鑫同学是一名来自湖南省邵阳市新邵县太芝庙镇风高村的寒门学子，家庭的贫困并没有阻止他对梦想的追求，在上高中时他就立志于投入计算机这项智能便捷的光明事业，在进入湖南商务职业技术学院后，他非常珍惜这难得的学习机会，他深知父母用微薄的收入供他读书多么不易。大学是思想、人生观成熟的重要阶段，他认为只有不断地积极进取，日益进步才是他回馈父母最大的礼物。同时他也在思想和行动上积极地向党组织靠拢，大一时他提交了入党申请书，并且顺利地进入了当年第一批入党积极分子培训班，积极学习党的理论，时刻以先进正确的思想和理念武装头脑，最终顺利结业，并且获得“优秀学员”的称号。从此以后，他更加坚定了自己向党组织靠拢的决心，更加明确了自己肩负的责任，下定决心全心全意为人民服务。

他入学后的成绩也是相当不错的。虽然他是中专对口升学上来的学生，基础已经很好了，但他很谦虚，并且学习态度端正，因此当上了专业某门课的助教。他在课堂上帮助老师教学，课下和同学探讨问题，并帮助同学解决问题。课余时间他积极参与学院、全国举办的各种竞赛和志愿者活动，并且都获得了荣誉和认可。他说每次参加竞赛都会让他学到很多，查阅专业资料的过程中可以不断地扩展自己的知识面，可以更加熟练地掌握操作技能，让他对自己的专业更加热爱，更加自信。通过一年多不懈的努力和勤奋学习，他的成绩在班上名列前茅，取得专业排名前三的好成绩。

在课堂上，他是老师的得力助手，班上的同学都愿意和他探讨问题，解决了同学遇到的许多问题；宿舍里，他是寝室长，与室友相处融洽，组织带领寝室拿下“优秀寝室”的荣誉称号，和室友一起参加了寝室海报设计大赛，取得了优异的名次；在班里，他积极参与班委事务，配合辅导员老师和其他班干部管理好班级，为同学们做好服务；在学校里，他是校易班工作站的一名干事，并担任校易班技术部的部员，作为学生干部，他工作勤勤恳恳，办事踏踏实实；积极地完成站长和老师分配的任务，给同学们提供线上的便捷服务，他不以工作的轻小而大意，不以成绩丰大而骄傲，获得了老师和同学们对他的信任与支持。

虽然来自贫困县的小家庭，但在生活上他始终保持着积极向上的态度。他乐观开朗、乐于助人、关心集体、关爱同学，常常主动帮助有困难的同学。有同学在学习上有疑问，他会上前探讨出解决办法。在日常生活中他勤俭节约，从不乱花钱，为减轻家里的负担，他还申请了在体育馆后台控制室的工作，勤工俭学来维持日常生活开支。他这种勤奋刻苦、积极乐观地面对生活中困难的生活态度也感染了他身边的同学。他的信条是：“用微笑面对困难人生，用行动实现每次进步。”

# 第七章　心理健康教育工作中的故事育人

辅导员作为学生日常学习和生活中的重要指导者和陪伴者，他们不仅是学生心灵的守护者，更是学生心理健康的引路人。

近年来，随着大学生心理健康问题的日益凸显，辅导员在心理健康教育中的角色愈发重要。当前，大学生群体中存在不同程度的心理问题，如焦虑、抑郁等。面对这一严峻形势，辅导员需要不断提升自身的心理健康教育能力，为学生提供及时、有效的心理支持和帮助。

## 一、辅导员在心理健康教育与咨询工作中的职责

近年来大学生心理健康问题呈现出逐年上升的趋势，其中抑郁、焦虑等心理疾病尤为突出。因此，辅导员在心理健康教育与咨询工作中的职责愈发重要。他们不仅是学生日常学习和生活的指导者，更是学生心理健康的守护者。辅导员需要深入了解每位学生的心理状态，及时发现潜在的心理问题，并采取相应的措施进行干预。

辅导员在心理健康教育与咨询工作中需要注重预防和干预相结合的策略。他们需要通过开展心理健康教育活动、提供心理咨询服务等方式，提高学生的心理健康意识，增强他们的心理韧性。同时，辅导员还需要关注特殊群体的学生，如家庭经济困难、学业困难的学生等，为他们提供个性化的心理支持和帮助。

辅导员在心理健康教育方面，需要具备一定的专业知识和技能。他们需要通过不断学习，掌握心理学的基本理论和方法，了解常见的心理问题和干预措施。同时，辅导员还需要具备敏锐的观察力和良好的沟通能力，以便及时发现学生的心理问题，并与他们建立信任关系，进行有效的心理疏导。

在咨询工作方面，辅导员需要遵循专业伦理，保护学生的隐私和权益。他们需要运用专业的咨询技巧，引导学生表达自己的情感和困惑，帮助他们找到问题的根源，并提出解决方案。此外，辅导员还需要与其他专业人员合作，如心理咨询师、心理医生等，共同为学生提供全方位的心理健康服务。

总之，辅导员在心理健康教育与咨询工作中扮演着举足轻重的角色。他们需要具备专业的知识和技能，遵循专业伦理，注重预防和干预相结合的策略，以学生为中心开展工作。只有这样，才能更好地维护学生的心理健康，促进他们的全面发展。

## 二、心理健康教育与咨询中故事育人的理论基础

故事育人在心理健康教育与咨询中的理论基础主要源自认知心理学、发展心理学以及教育心理学等多个学科领域。近年来，越来越多的实证研究支持了故事育人在心理健康教育中的应用。通过向青少年讲述积极向上的故事，可以有效提升其自尊心和自信心，减少焦虑和抑郁情绪。另一项研究则表明，故事育人能够帮助学生建立正确的价值观和人生观，提高他们的心理健康水平。

故事育人还借鉴了叙事疗法的理念，强调通过讲述个人故事来探索和解决心理问题。叙事疗法认为，个体的故事是其身份和经验的重要组成部分，通过重新叙述故事，个体可以重新审视自己的经历，发现新的意义和可能性。因此，在心理健康教育中，辅导员可以通过引导学生讲述自己的故事，帮助他们认识自己、理解自己，进而实现自我成长和心理健康。

## 三、心理健康教育与咨询中故事育人的运用

### （一）故事育人与心理健康教育的有机交融

故事育人策略的核心在于通过讲述富有情感色彩和启发性的故事，引导学生深入思考和自我反思。这些故事可以是真实的案例，也可以是虚构的情节，但都必须能够触动学生的内心，引发他们的共鸣。例如，在面对学生的焦虑问题时，辅导员可以讲述一个关于如何克服焦虑、迎接挑战的故事，通过故事中的角色经历，帮助学生认识到自己的焦虑情绪是可以被克服的，从而激发他们的勇气和信心。

在高校心理健康教育与咨询工作中，“故事育人”的实践模式展现出了其独特的魅力和效果。这种策略强调通过讲述生动、富有情感色彩的故事，来引导学生自我反思、自我成长。实践表明，这种方式能够更有效地拨动学生的心弦，激发他们的情感共鸣，从而促使他们主动参与到心理健康教育与咨询的过程中。以某高校为例，该校的心理咨询中心引入了“故事育人”的策略。在一次关于压力管理的咨询中，咨询师并没有直接讲述压力管理的理论知识，而是先分享了一个自己曾经面对压力、克服困难的真实故事。这个故事立刻引起了学生的共鸣，他们纷纷分享了自己类似的经历。在分享和倾听的过程中，学生们不仅释放了情感，还学会了如何以积极的心态面对压力。

此外，故事育人策略还注重故事的互动性和参与性。辅导员在讲述故事的过程中，会邀请学生积极参与，提出自己的见解和感受。这种互动式的咨询方式不仅能够增强学生的参与感和主动性，还能够帮助辅导员更准确地把握学生的心理状态和需求，从而提供更加个性化的咨询服务。比如在线上教育平台的心理健康咨询模块中融入故事育人的元素，通过聘请经验丰富的心理咨询师，结合大学生的实际需求，可创作出一系列富有启发性的心理故事。这些故事不仅涵盖了心理健康的各个方面，还通过生动的情节和人物形象，引导学生深入思考，自主寻找解决问题的方法。

值得一提的是，故事育人策略在心理咨询工作中的效果是显著的。辅导

员采用故事育人策略在帮助学生缓解焦虑、抑郁等心理问题上的成功率比传统咨询方式要高很多。

### （二）故事育人与其他教育方法的融合

故事育人与其他教育方法的融合，为心理健康教育与咨询工作注入了新的活力。传统的教育方法，如讲座、课堂讲授等，虽然有其系统性和知识传递的效率，但在触动学生内心、引发深度思考方面往往显得力不从心。而故事育人，以其独特的叙事方式，能够深入人心，引发共鸣，使学生在情感上得到触动，进而在认知上得到升华。

以认知行为疗法为例，这是一种以改变不良思维习惯和行为模式为核心的心理治疗方法。当辅导员运用故事育人时，可以结合具体的案例，通过讲述一个角色如何面对困境、调整思维，最终走出阴影的故事，来帮助学生认识到自己的不良思维模式和行为模式，并激发他们主动改变的意愿。这样的融合，不仅丰富了教育手段，也提高了教育的针对性和实效性。

此外，故事育人还可以与模拟情境、角色扮演等教育方法相结合。在模拟情境中，学生可以通过扮演故事中的角色，亲身体验故事中的情境，从而更深入地理解角色的内心世界和情感体验。这种身临其境的体验，往往能够使学生更加投入、更加深入地反思自己的行为和态度。

故事育人与其他教育方法的融合，不仅提高了教育的趣味性和吸引力，更重要的是，它使教育更加贴近学生的实际生活，更加符合学生的心理需求。这种融合，不仅有助于提高学生的心理健康水平，也有助于培养他们的社会责任感和人际交往能力。

### （三）心理健康教育中故事育人的策略

故事育人策略在高校心理健康教育与咨询工作中的作用至关重要。首先，辅导员可以通过举办工作坊和研讨会的形式，邀请经验丰富的辅导员分享他们运用“故事育人”策略的成功案例和实践经验。这样的活动不仅能够提供实际操作的参考，还能激发辅导员们对“故事育人”策略的兴趣和热情。参与过此类活动的辅导员在后续工作中运用“故事育人”策略的频率和效果也都有显著提升。

其次，辅导员可以利用现代科技手段，如在线平台和社交媒体，来推广故事育人策略。通过制作和发布相关的教育视频、博客文章和社交媒体帖子，辅导员可以将这一策略的核心思想和实施方法传达给更广泛的受众。在现实生活中，随着网络媒体的发展，主动了解和查阅相关心理知识的学生数量呈现增长态势，这也给辅导员利用网络媒体进行心理领域的故事育人提供了很好的平台和机会。

辅导员还可以结合高校心理健康教育课程，将故事育人策略融入课程教学中。通过设计富有故事性的教学案例和实践活动，让学生在亲身体验中感受和理解“故事育人”的魅力。通过将故事育人策略融入课程，辅导员不仅能够引导学生积极参与，还能培养学生的自主学习和解决问题的能力。

辅导员还可以建立故事育人策略的交流平台，鼓励辅导员们分享自己在心理健康教育工作中的实践经验、心得体会和创新想法。通过定期发布优秀案例、组织线上讨论和开展线下合作研究等活动，辅导员可以共同推动故事育人策略在高校心理健康教育与咨询工作中的深入应用和发展。

## 四、心理健康教育与咨询中故事育人的注意事项

在辅导员的心理健康教育与咨询工作中，运用故事育人的策略具有显著的优势。通过讲述生动的故事，辅导员能够帮助学生更好地理解和应对心理健康问题，从而提升学生的心理素质和应对能力。为了充分发挥故事育人的潜力，辅导员需要注重故事的选择和讲述方式。

首先，在选择故事时，辅导员应确保故事具有真实性和可信度。真实的故事往往能够引起学生的共鸣，使他们更容易投入故事中，并从中获得启示。例如，可以选取一些心理健康领域的成功案例，通过讲述这些案例背后的故事，让学生了解心理健康的重要性以及应对心理问题的有效方法。

其次，辅导员在讲述心理育人故事时，应注重情感表达和细节描绘。通过生动的语言和丰富的情感表达，辅导员可以将学生带入故事情境中，使他

们能够更深入地理解和感受故事所传达的信息。同时，细节描绘也是至关重要的，它可以增强故事的吸引力和说服力。

此外，辅导员还可以结合心理学理论和分析模型来讲述故事，以帮助学生更深入地理解心理健康问题。例如，可以运用弗洛伊德的精神分析理论来解释故事中的角色行为和情感变化，从而帮助学生更好地理解自己的内心世界。为了更好地评估故事育人在心理咨询工作中的效果，辅导员可以采用一些分析模型，如“问题解决模型”或“情感反应模型”。这些模型可以帮助辅导员系统地分析来访者在故事育人过程中的情感变化、认知转变和行为改善等方面的情况，从而更准确地评估故事育人的效果。

最后，辅导员在运用故事育人策略时，还应注重与学生的互动和反馈。通过与学生进行积极的互动和讨论，辅导员可以了解学生对故事的理解和感受，从而及时调整讲述方式和内容，以更好地满足学生的需求。

综上所述，辅导员在心理健康教育与咨询工作中运用故事育人的策略具有重要意义。通过精心选择故事、注重情感表达和细节描绘、结合心理学理论和分析模型，以及与学生进行积极的互动和反馈，辅导员可以帮助学生更好地理解和应对心理健康问题，从而提升学生的心理素质和应对能力。

## 五、实践案例故事

### （一）疏导学业和人际压力的故事育人案例

在心理咨询工作中，故事育人以其独特的方式展现出了显著的效果。以一则实际案例为例，一位大学生小张因学业压力和人际关系困扰前来咨询。在初次面谈中，小张显得焦虑不安，难以打开心扉。此时，辅导员采用了故事育人的方法，讲述了一个关于自己学生时代面临类似困境的故事，通过情感共鸣和同理心，让小张感受到了被理解和支持。随着故事的深入，小张逐渐放松了警惕，开始分享自己的故事和感受。通过故事的引导，辅导员帮助小张找到了问题的根源，并一起探讨了解决方案。最终，小张的焦虑得到了缓解，人际关系也得到了改善。

这个案例充分展示了故事育人在心理咨询工作中的优势。首先，故事育人通过情感共鸣和同理心，建立了咨询师和来访者之间的信任关系，为后续的咨询工作奠定了良好的基础。其次，故事育人通过具体的情境和角色，帮助来访者更好地认识自己，发现问题，并找到解决方案。最后，故事育人还通过故事的叙述和解读，引导来访者进行反思和自我成长，实现了心理咨询的最终目标。

### （二）入校后纠结高考失利的心理疏导案例

对于高考失利考入高职的学生，辅导员要及时关注并进行心理辅导。下面就是辅导员在公众号上推发的刘建智同学从自己的心理低谷走出来的一篇“心情记”。这个心理故事不仅让当事人走出了阴霾，也能引导一众学生奋发图强，适时找到自己奋进的动力。

#### 我一直在奔跑

我“终于”还是在半山腰摔下来。那天，我小心翼翼地查询我的高考成绩，那刺眼的分数向我传达着“没考上呀”。

从幼儿园到如今的大学。初升高需考试，高中升大学亦是如此。我现在依旧清晰记得当年没有考上当地的高中名校，仍理直气壮地对妈妈说：“在哪里读书都是一样的，我会努力的。”

一直有人说：“高考就是千军万马过独木桥，有人抵达，有人跌倒。”高三那年，我拼命学习。每天三点一线，呆呆木木却又很充实地度过了每一天。高三就是写不完的试卷，上不完的课程，假期也被占据大半。2020年是极不平凡的一年，新冠疫情的到来推动着我们居家云学习。屏幕里的老师从不缺席，我也靠着我的笔杆子撑过了一个又一个困意满满的夜晚。《新闻联播》突然播出“今年高考延至7月”。我想，我有更多的时间来复习了。开学后，离高考已只有三个月，墙上的倒计时一天天走过，暗示着我高考就要来了。

为期两天的高考日过后，我只是静静地等着出成绩。那一天终于来了，我看着手机上的数字一个个跳跃着给我敲警钟似的。我不敢面对家人，他们可是一直盼望着我能够考上个好的大学呀！不争气的我怯怯地告诉他们我没有收到考试这条讯息后，他们只是笑着说："谁说只有本科才会出人头地，咱们女儿在专科照样是好样的。"泪眼中，我只看到那些笑纹早已爬满爸爸妈妈的眼角。带着忧虑同时怀揣着期待，我就读了现在的学校。

高考成绩限制了我报考专业的范围，后来又因为专业没选好造成被迫专业调剂的局面。本来还有些期待的我瞬间又万念俱灰。心想："或许我真的是一个很没用的人吧。"我不敢跟爸爸妈妈说我就读的专业不怎么好，只得独自吞下自己种下的苦果。但那次《红色潇湘》的课又重新点燃了我心里的那盏灯。老师说："一切都是最好的安排，既来之，则安之。"那一刻，我猛然异常清醒地意识到：山顶的风景依旧在等着我！尽管摔跤多次，但它仍在耐心地等着我去发现它独特的美丽。我坚信，乌云散尽，月亮自会点亮整个夜空。

进入大学，我的时间不知不觉间充裕起来，不再像高中那样每天满满当当的12节课。周末，或许对于部分同学而言是有更多的时间用来睡懒觉了。但往往这些空闲的时间，我都会选择前往图书馆，尽可能利用这些免费的资源努力提升自我。在那里，我可以阅读很多自己之前没来得及涉猎的课外书籍，这样不但可以开阔自己的视野，还可以巩固平时课堂所学的专业知识。除此之外，我还积极参加了咱们二级学院的团学分会。虽然身边总有人说："那就是个干劳力的地方。"但我仍觉得它不仅扩大了我的交际圈，还能让我在其他人身上学到许多有意义的东西。

现在，我一直在努力的事情就是专升本。眼下国家对于专升本考试的政策更加与时俱进了，对我而言意味着竞争力也就越来越大了。但汪国真先生曾说："你若有一个不屈的灵魂，脚下就会有一片坚实的土地。"我一直在奔跑，风雨兼程。因为，我坚信前方定有彩虹架桥。

**刘建智：**2020级电子商务技术2班学生，学校团学会宣传部干事、新闻中心文编。

### （三）来自学业、竞赛、升学等多重压力的心理疏导案例

当学生面对集体与个人利益的冲突、学业与未来的困惑时，其心里往往是迷茫困顿的，需要辅导员及时予以疏导。这时，辅导员可以选择同学们自己经历过的故事来进行引导。比如下面这一篇推文就是学生李颖根据真实心路历程整理出来的。

#### 原来鱼和熊掌也是可以兼得的：写在学弟学妹们“专升本”考试前夕

2018 年春节过后，我在备战“专升本”期间面临着一场两难抉择：一边是关乎自己未来的学业之路，即“专升本”考试；一边是自己背负的个人与集体的荣誉之战，即出征国赛。经过一番异常激烈的思想斗争后，不服输的我最终选择尽自己最大的努力争取“鱼”和“熊掌”兼得。

当时高职生能够顺利“专升本”的比例很低，为了早日圆自己的本科梦，我老早就开启了早上 6 点起床、晚上 12 点入睡的拼搏模式。就这样，白天大部分时间我都会全身心地投入备赛工作，等晚上回到宿舍稍作休息后便开始刷“专升本”的题目。

商务英语专业升本的考试主要分为三个部分：英语笔试、英语口语面试和“国际贸易”专业考试。其中对我而言最难的科目是“国际贸易”。为了更加高效地备考“国际贸易”专业课，我提前买好了本科院校的考试书籍，还主动联系之前成功“专升本”的学姐，全方位了解科目的重点难点后再有的放矢地进行刷题。记得当时长沙的冬天很冷，我每天晚上依靠台灯的微光照耀着自己内心的坚定，这样的生活或许枯燥却也充实。

因为无法预料自己的努力付出能否得到自己想要的结果，因此随着比赛时间和考试时间的逼近，我内心的压力也越来越大。每当情绪低落或者自我否定的时候，我就会找辅导员阙老师谈心与交流。她勉励我适当调整自己的情绪和学习步调，尽可能让自己保持积极达观的心态。就这样，我日复一日地咬牙坚持着！我现在依稀记得，当时站在比赛舞台上的我紧张却不胆怯，坐在考场里的我沉着且冷静。

最终，我不但获得了全国职业院校技能大赛“导游服务”赛项（英语）的二等奖，而且顺利通过了“专升本”考试。当喜讯传来，我轻轻地舒了一口气，深刻领悟到只要自己足够努力，鱼和熊掌也是可以兼得的。

后来，我如愿以偿地在吉首大学度过了两年梦寐以求的本科生活。如果说专科生活是学会磨炼自己，那本科的生活对我而言便是不断赶超他人的优秀。现在想想，其实以前“专升本”考试阶段的压力远不及上本科之后的压力。因为在我的身边有很多非常自律的小伙伴，在与他们相处的过程中，我的视野被不断拓展，随之会情不自禁地激励自己不断攀登更高的目标。

在吉首大学求学的日子里，我每一天都伴着知足入睡，每一天都能感受不一样的收获。吉首大学坐落在美丽的湘西，它独具特色的魅力吸引着来自五湖四海的人。在那里，我每天都会遇到很多有趣的灵魂，他们中的每个人都有着自己的独特想法，我尝试着从他们身上发现不同的闪光点。此外，这些闪闪发光的人也还在不断努力，从而让我不断感叹山外有山，人外有人。

我很庆幸自己在咱们商职学院求学时就能够学会根据兴趣去规划成长道路。记得从大二开始为了充实自己，我便开始不断参加各类与专业相关的竞赛，也因为比赛有幸结识了成长路上的很多贵人和知己。

现在回首那段时光，觉得自己一路走来其实还是蛮励志的。从一个上课起身发言都很害怕的小女生，到磨炼成为一名神态自若地站在国家级竞赛舞台的选手，离不开每一位良师益友的帮助与鼓励。他们让我逐步尝试勇敢地迈开进步的脚步，为自己日后的成长成才树立更高的目标。

最后，我要特别感谢阙老师一直以来对我的关照和关注。即使如今本科毕业了，阙老师还能给我提供这么好的机会与学弟学妹们分享自己的些许经验。

亲爱的学弟学妹们，其实我只是千千万万逐梦人中平凡、普通的一员，我所收获的也只是人生的一点小喜悦，但你们的未来必将更加光芒万丈。作为你们的学姐，我衷心地祝福你们：平安喜乐，茁壮成长！

**李颖**：2018届商务英语3班的优秀毕业生，成功专升本到吉首大学。在校期间，她先后荣获湖南省职业院校技能竞赛“英语口语（英语专业组）”赛项一等奖和全国职业院校技能大赛“导游服务”赛项（英语）二等奖，还多次荣获校级专业奖学金。

# 第八章　校园危机应对中的故事育人

近年来，随着社会的快速发展和教育改革的深入推进，高校校园危机事件频繁发生，危机事件的类型和复杂性也在不断增加。如学生心理健康问题、突发事件、校园暴力等，这些事件不仅对学生的身心健康造成严重影响，也对高校的稳定和发展带来了挑战。因此，如何有效地应对校园危机事件，成为辅导员必须面对的重要课题。“故事育人”作为一种新兴的教育方法，其在校园危机事件应对中的应用逐渐受到关注。该方法强调通过讲述生动的故事来引导学生思考、感悟和成长，具有情感化、情境化和互动性强等特点。在辅导员的工作中，运用“故事育人”的策略可以帮助学生更好地理解校园危机事件的本质和影响，提高学生的危机意识和应对能力。同时，通过讲述真实的故事，还可以激发学生的同理心和责任感，促进校园和谐稳定。

## 一、校园危机事件的特点与影响

校园危机事件是每所学校都可能面临的重要挑战，具有突发性、紧急性、危害性和不确定性等特点。其中，最常见的类型包括学生心理健康问题、校园安全、突发事件和食品安全等。这些事件不仅对学生的身心健康产生严重影响，对学校的声誉和稳定造成威胁，还会给学校带来管理上的挑战和对学生的成长环境造成不良影响。

以学生心理健康问题为例，近年来，由于学业压力、人际关系等多重因素的影响，学生心理健康问题日益突出。高校发生的校园危机事件数量较之前增长不少，其中涉及学生心理健康问题的比例也较高。这些事件不仅给学生的成长带来了困扰，也给高校的稳定和发展带来了严峻挑战。辅导员在故事育人中，可以通过分享真实的心理案例、邀请心理专家举办讲座等方式，帮助学生建立正确的心理健康观念，提高自我调节能力。

再如校园暴力事件，这也是一个不容忽视的问题。校园欺凌不仅会对受害者的身心健康造成巨大伤害，还会影响整个校园的和谐氛围。辅导员可以通过组织主题班会、开展角色扮演等活动，引导学生树立正确的价值观，增强自我保护意识。

突发事件和自然灾害也是校园危机事件的重要组成部分。这些事件往往具有不可预测性和破坏性，对学校的应急管理能力提出了更高要求。因此，辅导员在故事育人中必须高度重视这些事件，通过制定针对性的策略、开展丰富多彩的活动等方式，提高学生的危机意识和应对能力。

总之，校园危机事件的特点与影响不容忽视。辅导员需要从多个方面入手，加强预警、教育、培训和危机管理等方面的工作，确保在危机发生时能够迅速、有效地应对，保障学校和师生的安全。

## 二、校园危机事件中辅导员的角色与职责

在高校危机事件应对中，辅导员扮演着至关重要的角色。他们不仅是学生日常教育和管理的主要负责人，更是危机事件发生时的重要协调者和应对者。在教育部 43 号令强调的辅导员的九大工作职责中，危机干预与应对无疑是一项至关重要的任务。辅导员要组织开展基本安全教育，参与学校、院（系）危机事件工作预案制定和执行，对校园危机事件进行初步处理，稳定局面控制事态发展，及时掌握危机事件信息并按程序上报，参与危机事件后期应对及总结研究分析。辅导员作为学生日常生活和学习的重要指导者和守护者，在危机发生时，他们扮演着至关重要的角色。他们不仅是学生心理的支持者，更是危机处理的协调者和决策者。他们需要在第一时间识别和处理校园危机事件，保障学生的安全和稳定。在面对突发事件时，辅导员会迅速组

织学生进行疏散和安置，确保学生的生命安全。

校园里一旦发生危机事件，辅导员要能迅速、准确地识别危机事件的性质和影响，评估事件的严重程度，要迅速组织学生进行疏散和安置，确保学生的生命安全。此外，辅导员还需要与其他相关部门和人员紧密合作，共同制定和执行应对方案。

以近年来某高校发生的突发事件为例，一名学生在宿舍内突发疾病，情况危急。辅导员在得知情况后，立即启动应急预案，迅速联系校医院和急救中心，同时通知学生家长。在等待急救人员到场的过程中，辅导员还组织其他学生进行心理疏导和安抚，确保现场秩序井然。最终，由于辅导员的及时应对和有效协调，该学生得到了及时救治，避免了事态的进一步恶化。此外，当学生面临学业压力、人际关系冲突或心理健康问题时，辅导员需要运用专业的知识和技能，进行有效的干预和引导。

辅导员在校园危机事件中的角色定位不仅要求他们具备快速响应和协调沟通的能力，还需要他们具备丰富的专业知识和实践经验。只有这样，才能在关键时刻作出正确的判断和决策，保障学生的安全和稳定。在危机事件发生时，辅导员更是学生心灵的守护者和引路人，用他们的智慧和勇气为学生筑起一道坚实的防线。

## 三、应对危机事件时故事育人的作用

在故事育人的实践中，辅导员的角色至关重要。他们不仅是学生日常学习和生活的指导者，更是危机事件应对中的关键力量。辅导员通过深入了解学生的个人背景、兴趣爱好和性格特点，能够运用故事育人的理念，将学生的个人经历与校园危机事件相结合，制定出更加贴近学生实际、具有针对性的应对策略。

在处理由心理、挫折等引起的校园危机事件时，辅导员可以针对危机事件的具体实际，运用故事育人的理念，通过讲述类似经历者的成功故事，帮助学生重新找回自信和勇气，最终成功化解危机。比如在高校发生的学生心理健康危机事件中，辅导员可以通过与学生深入沟通，了解到学生是否因学业压力、人际关系等问题产生了严重的心理困扰。此外，辅导员还需要不断提升自身的专业素养和综合能力，以更好地应对校园危机事件。辅导员需要通过参加培训、学习交流等方式，不断提高自己的危机应对能力、心理疏导能力和沟通协调能力。只有这样，才能更好地发挥故事育人的作用，为学生的健康成长提供有力保障。

辅导员在故事育人中的关键作用，正是通过引导、启发的方式，帮助学生更好地应对校园危机事件，促进学生的健康成长和全面发展。

## 四、应对校园危机事件时故事育人的策略

### （一）快速识别与评估危机事件

在辅导员应对校园危机事件的过程中，危机事件的识别与评估是至关重要的一环。这要求辅导员具备敏锐的洞察力和丰富的经验，以便在危机事件发生时能够迅速作出反应。识别危机事件的关键在于对校园环境的深入了解和对学生动态的敏锐把握。通过日常的观察和沟通，辅导员可以及时发现潜在的风险因素，如学生的情绪波动、社交网络的负面言论等。

评估危机事件的严重程度和影响范围同样重要。这需要对事件进行全面分析，包括事件的性质、涉及的人员、可能的影响等。通过运用 SWOT 分析（优势、劣势、机会、威胁）等模型，辅导员可以更加系统地评估危机事件，从而制定出更加有效的应对策略。例如，在面对一起学生集体食物中毒事件时，辅导员需要迅速识别事件的严重性，评估影响范围，并立即启动应急预案，确保学生的生命安全。

此外，辅导员还需要关注危机事件的动态变化，及时调整评估结果和应对策略。这要求辅导员具备灵活的思维和快速的反应能力，以便在危机事件发展过程中保持对局势的掌控。

危机事件的识别与评估是辅导员应对校园危机事件的重要一环。通过深入了解校园环境、敏锐把握学生动态、全面分析事件性质和影响范围，并灵活调整应对策略，辅导员可以更好地应对校园危机事件，确保学生的安全和

校园的和谐稳定。

### （二）巧妙设计与实施故事育人策略

故事育人策略的制定与实施，是辅导员在校园危机事件应对中的关键任务。

在故事育人策略的设计与实施中，辅导员需要精心挑选与校园危机事件相关的故事，这些故事不仅要具有教育意义，还要能够引起学生的共鸣。例如，可以选取一些历史上著名的危机事件，通过讲述这些事件中的英雄人物和他们的决策过程，来引导学生思考如何在类似的情况下作出正确的选择。此外，辅导员还可以结合学生的实际情况，讲述一些发生在校园内的真实案例，让学生从中汲取经验和教训。例如，在某高校发生的学生因学业压力导致的心理危机事件中，辅导员运用故事育人策略，通过讲述一个曾经遭遇困境但最终战胜自我的学生故事，帮助学生重新找回自信和学习的动力。这个案例不仅展示了故事育人策略在危机应对中的有效性，也为辅导员提供了宝贵的实践经验。

在制定具体策略时，辅导员需要深入了解学生的需求和心理特点，结合校园危机事件的实际情况，制定出符合学生实际的故事育人方案。例如，在应对学生心理健康问题时，辅导员可以运用心理学理论，结合学生的实际情况，制定出针对性的心理干预方案，帮助学生缓解压力，增强心理韧性。

在具体实施故事育人策略时，辅导员需要注重策略的有效性和可操作性。一方面，辅导员需要选择合适的故事载体，如电影、小说、绘本等，通过故事情节的引导，让学生从中汲取正能量，增强自我认知和价值观。另一方面，辅导员还需要结合学生的实际情况，制定出具体的实施方案，如组织观影活动、开展主题班会等，确保故事育人策略能够真正落地生效。

辅导员在面对学生心理健康问题时，可以制定一套以“心灵成长”为主题的故事育人方案。比如选择多部具有心理启示意义的电影，如《放牛班的春天》《心灵捕手》等，组织学生进行观影，并在观影后进行主题讨论和分享。通过这一方案的实施，学生的心理健康状况得到了显著改善，同时也增强了他们的自我认知和价值观。

故事育人策略的制定与实施，当然也需要辅导员具备较高的专业素养和创新能力。他们需要不断学习和更新知识，了解最新的教育理念和方法，同时也需要关注学生的实际情况，灵活调整策略，确保故事育人工作的针对性和实效性。

## 五、实践案例故事

### （一）学生因车祸意外受伤手术住院案例

周五傍晚辅导员李老师突然接到电话说其班上的学生因意外受伤正被送往航天医院急诊抢救。李老师第一时间驱车前往医院，向 120 出诊医生了解情况。医生反馈学生在岳麓大道路口骑电动车摔伤，脑部受伤严重。他于第一时间了解了学生伤情和出事缘由等信息，快速识别这是一起因车祸导致的学生意外危机事件。紧接着李老师及时向学校相关领导报告情况，并第一时间联系学生家长说明情况并要求其来医院照护。同时在学校的领导下积极配合医院和医生抢救学生，建议学生家长去交警队查监控，还原受伤现场，看是否存在第三方侵害，积极配合学生家长办好医保和意外伤害保险相关事宜，并组织学生看望与关心受伤同学。

辅导员李老师以其扎实的业务素养和过硬的危机事件应对能力将此次意外事件处理得很周全妥当。其间他还结合本危机事件组织学生召开“生命安全与意外危机应对”的主题班会，讲述自己在跟进与协助处理本事件的相关情节，引导同学们思考与探讨遇到类似事件要如何积极应对，以及如何进行生命与财产安全的积极防范。李老师通过利用发生在同学们身边的真实故事，创设一个开放的思考与探讨空间，让学生在危机事件的防范与应对中“经一事长一智”。

### （二）学生在假期患上传染病的危机事件应对案例

以下是暑假期间一辅导员得知自己的高职学生不幸患上肺结核传染病，

她对这一危机事件的应对情况：一学生暑期期间打电话告知辅导员自己正在家乡的人民医院住院，医生怀疑是肺结核。辅导员当即安抚该生情绪，并要求她密切联系医生将确诊结果告知她，同时第一时间打电话向系部学管书记汇报。

当该生告知辅导员肺结核确诊结果时，辅导员仍安抚其情绪并鼓励她积极配合医生治疗，将下学期面临的学业、自考问题与其一一商讨解决办法，作好休学的思想准备。辅导员还及时向系部学管书记和学校学工处处长汇报反馈，并电话联系该生宿舍室友以及与其密切交往的同学自行前往医院进行肺结核排查检查，幸好反馈的结果均好。

开学后，辅导员联系并协助其家长办理好休学手续，并按学校医保中心的要求完成各项相关材料的撰写与提交（包括宿舍、教室每月通风登记表），协助做好宿舍的消毒工作，并及时做好室友的情绪安抚工作。

此后，辅导员一直跟该生联系，并将相关情况向系部领导进行反馈汇报，直到她治愈出院顺利复学。

有了这个危机应对情况的案例，其余辅导员在工作中如果遇到类似的危机事件，均可以参照这个事件的处理流程操作。这就从某种层面上给辅导员的危机事件处理提供了较好的故事素材。

### （三）学生发生意外身亡的危机事件应对案例

在应对校园危机事件时，故事育人策略的运用显得尤为重要。以某高校一位优秀学子发生意外身亡事件为例，当时该事件引起了广泛的社会关注和舆论压力。面对这一危机，学校辅导员迅速行动，运用故事育人的方法，通过讲述与事件相关的育人故事，引导学生正确看待生命的价值，理解意外事件的不可预测性，并鼓励学生积极面对生活中的困难和挑战。同时，辅导员还组织开展了心理健康讲座和团体辅导活动，帮助学生缓解心理压力，增强心理韧性。这一策略的实施，不仅有效地缓解了校园紧张氛围，也提升了学生对生命价值的认识，增强了他们的心理承受能力。

在具体案例中，辅导员可以发现，故事育人策略的运用需要紧密结合学生的实际情况和心理需求。辅导员需要深入了解学生的内心世界，把握他们的情感变化，才能制定出更加贴近学生心灵的故事育人方案。同时，辅导员还需要具备较高的沟通能力和心理素质，以应对可能出现的各种复杂情况。

在面对校园危机事件时，辅导员应该充分发挥故事育人的独特作用，通过讲述感人至深的故事，引导学生正确看待问题，积极面对挑战。这样不仅能够有效地缓解危机带来的负面影响，还能够促进学生的全面发展和健康成长。

# 第九章　职业规划与就业创业指导中的故事育人

在当今社会，高校毕业生就业形势日益严峻，职业规划与就业创业指导成为高校教育中不可或缺的一部分。近年来高校毕业生就业创业情况不太理想，这跟学生在职业规划与就业创业方面缺乏有效的指导和支持有一定关联。因此，探索一种更加贴近学生实际、富有情感色彩的职业规划与就业创业指导方式显得尤为重要。“故事育人”在职业规划与就业创业指导中的运用，具有重要的理论价值和广泛的实践意义，可以为高校职业规划与就业创业指导提供更加科学、有效的方法和手段，帮助学生更好地实现自我发展和职业成功。

## 一、辅导员在职业规划与就业创业指导中的工作职责

辅导员作为学生成长道路上的引路人，其角色远不止于学业指导，更在于帮助学生规划未来，实现自我价值。辅导员需要深入了解每个学生的个性、兴趣和能力，帮助他们制定符合自身特点的职业规划，引导他们树立正确的就业观念。同时，辅导员还需要关注市场动态和行业发展趋势，为学生提供及时、准确的就业信息，帮助他们提升就业竞争力。

随着社会的快速发展和就业形势的不断变化，学生们对于未来的职业规划和发展方向充满了迷茫和困惑。因此，辅导员在这一方面的职责显得尤为重要。辅导员要为学生提供科学的职业生涯规划和就业指导以及相关服务，

帮助学生树立正确的就业观念，引导学生到基层、到西部、到祖国最需要的地方建功立业。

近年来高校毕业生人数持续攀升，而就业市场却呈现出供大于求的局面，就业率不太理想。现实中许多学生对于自己的兴趣和优势缺乏清晰认识，导致职业规划缺乏针对性和可操作性。因此，在职业规划服务方面，辅导员需要具备一定的职业规划知识和能力。他们可以通过开设职业规划课程、组织职业规划讲座等方式，帮助学生了解职业规划的基本知识和方法。同时，辅导员还需要针对每个学生的具体情况，提供个性化的职业规划建议和指导。这些建议和指导可以帮助学生更好地认识自己，明确自己的职业兴趣和能力优势，从而制定出更加合理、可行的职业规划。

由于信息来源有限和更新速度滞后，许多学生对于就业市场和创业环境缺乏全面了解。因此在提供就业信息方面，辅导员需要密切关注市场动态和行业需求，及时收集并整理各类就业信息，包括招聘公告、企业介绍、职位需求等。他们还需要与各大企业和招聘机构保持密切联系，以便为学生提供更多、更全的就业信息。通过这些信息的传递，学生可以更好地了解市场需求，明确自己的职业定位和发展方向。

## 二、辅导员在职业规划与就业创业指导中的发展趋势

随着社会的快速发展和高等教育的普及，辅导员在职业规划与就业创业指导中的角色愈发重要。他们不仅是学生职业发展的引路人，更是连接学生与社会的桥梁。近年来，辅导员在职业规划与就业创业指导中的发展趋势呈现出几个明显的特点。

首先，辅导员越来越注重个性化指导。在职业规划方面，他们开始运用大数据和人工智能技术，分析学生的兴趣、特长和市场需求，为学生提供更加精准的职业建议。例如，某辅导员团队通过对学生就业意向的调研，发现学生对新兴行业如人工智能、大数据等表现出浓厚兴趣，于是他们针对性地开设了相关课程，帮助学生提升相关技能，取得了良好的就业效果。

其次，辅导员在就业创业指导中更加注重实践能力的培养。他们鼓励学

生参与实习、社会实践和创新创业项目，通过实际操作提升学生的职业素养和创业能力。据统计，某辅导员指导的学生创业团队在近年来获得了多个国家级创业大赛的金奖，这些实践经历不仅提升了学生的能力，也为他们未来的职业发展奠定了坚实基础。

此外，辅导员在职业规划与就业创业指导中还要注重培养学生的综合素质。他们不仅关注学生的专业技能，还注重培养学生的沟通能力、团队协作能力和创新能力等。正如著名教育家陶行知先生所说："教育的作用，是使人天天改造，天天进步，天天往好的路上走。"辅导员正是秉承这一理念，努力帮助学生成为全面发展的人才。

综上所述，辅导员在职业规划与就业创业指导中的发展趋势呈现出个性化指导、注重实践能力和培养综合素质等特点。这些趋势不仅反映了辅导员对职业发展的深刻认识，也体现了他们对学生全面发展的高度负责。

## 三、职业规划与就业创业指导中故事育人的意义

故事育人作为一种创新的教育方法，在提升学生就业创业能力方面发挥着重要作用。通过引入生动、真实的故事，能够帮助学生更好地理解和应对就业市场的挑战。在职业规划与就业创业指导中，故事育人的应用现状呈现出积极的趋势。越来越多的辅导员开始认识到故事的力量，并将其融入日常的职业规划和就业创业指导中。例如，通过讲述成功创业者的故事，可以激发学生的创业精神和创新意识，提升他们的创业能力和就业竞争力。广大青年学生表示在职业规划与就业创业指导中辅导员运用故事能够更有效地激发他们职业规划和积极就业的兴趣和动力。

在职业规划和就业指导工作中，辅导员采用故事育人的方法让学生在相应情境中去体验与感知，不仅能让学生更好地凸显自己的能力和潜力，还能让学生在将来的职场中更快地融入团队和企业文化。

在实际工作中，辅导员通过讲述成功创业者的故事，可以激发学生的创业热情。通过邀请创业者与学生一同分享自己的创业经历、遇到的挑战以及应对策略，也能让学生深刻感受到创业的艰辛和乐趣。在听完故事后，许多

学生开始积极寻找创业机会，尝试将自己的创意转化为实际的产品或服务。这些学生的就业能力得到了显著提升，不仅找到了满意的工作，还为自己的职业发展打下了坚实的基础。

故事育人之所以能够提升学生的就业能力，是因为它能够通过情感共鸣和认知启发的方式，激发学生的学习兴趣和动力。通过故事中的情节和人物形象，学生能够更加深入地了解职业发展的多样性和复杂性，从而更加明确自己的职业规划和目标。同时，故事育人还能够帮助学生提升自我认知和自我管理能力，更好地应对职场挑战和压力。

此外，在高校的职业规划课程中，辅导员通过讲述成功校友的创业故事，不仅激发了学生的职业热情，还为他们提供了宝贵的创业经验和启示。这些故事往往具有真实性和感染力，能够让学生从中汲取智慧和勇气，更加坚定自己的职业方向。一些辅导员还尝试将故事育人与案例分析相结合，通过剖析成功的职业规划案例，引导学生深入思考和分析。这种方法不仅增强了学生的职业规划能力，还培养了他们的批判性思维和解决问题的能力。

正如乔布斯所说："你的工作将填满生活的大部分，唯有热爱才能让你感到满足。如果你还没有找到热爱的工作，那就继续寻找，不要停下来。"故事育人正是通过引导学生发现自己的兴趣和热情，帮助他们找到真正热爱的工作，从而提升他们的就业创业能力和职业发展水平。

## 四、职业规划与就业创业指导中故事育人的运用策略

### （一）基于故事育人的职业规划指导

在职业规划指导中，辅导员运用故事育人的策略显得尤为重要。通过讲述真实或虚构的职业故事，辅导员能够帮助学生更好地理解职业规划的重要性，并激发他们对未来职业的热情和兴趣。这种策略不仅有助于提高学生的职业意识，还能培养他们的职业责任感和使命感。

以某高校为例，该校的辅导员团队精心策划了一系列以"故事育人"为

核心的职业规划指导活动。他们邀请了不同行业的成功人士回到校园，分享他们的职业成长经历和心路历程。这些嘉宾通过讲述自己的故事，不仅为学生提供了宝贵的职业经验，还激发了他们对未来职业的无限憧憬。

此外，辅导员还可以利用这些故事，引导学生分析不同职业的特点和要求，帮助他们明确自己的职业目标和定位。通过案例分析、角色扮演等互动形式，学生们能够更深入地了解各种职业，从而作出更加明智的职业选择。

故事育人策略不仅提高了职业规划指导的实效性，还增强了学生对未来职业的认同感和归属感。参与这些活动的学生普遍表现出更高的职业满意度和更强的职业竞争力。这一策略的成功实践，为高校职业规划指导提供了新的思路和方法。

### （二）基于故事育人的创业精神激发

在激发学生的创业精神方面，故事育人展现出了其独特的魅力。通过讲述创业者的真实故事，让学生感受到创业的艰辛与乐趣，从而激发他们的创业热情。例如，可以讲述刘强东、乔布斯、马斯克等成功创业者的故事，他们通过不懈的努力和创新，实现了自己的梦想，改变了世界。这些故事不仅能够激励学生，还能为他们提供宝贵的创业经验和启示。

为了更具体地实施故事育人，辅导员可以结合 SWOT 分析模型。首先，分析学生的优势、劣势、机会和威胁，然后针对性地选择适合他们的创业故事。例如，对于具有技术优势的学生，可以讲述技术创业者的故事，强调技术创新的重要性；对于缺乏自信的学生，可以讲述从失败中崛起的创业者故事，鼓励他们勇敢面对挑战。

辅导员还可以引入“创业故事会”等活动，邀请成功的创业者分享他们的创业经历。通过与学生面对面交流，让学生感受到创业者的激情和智慧，从而激发他们的创业梦想。同时，这些活动还可以为学生提供与创业者建立联系的机会，为他们的创业之路铺设坚实的基石。

故事育人不仅关注学生的个人成长，还注重培养学生的社会责任感。通过讲述具有社会责任感的创业故事，引导学生思考创业对社会的影响和价值。

例如可以讲述那些致力于解决社会问题、推动社会进步的创业者的故事，让学生明白创业不仅是一种个人追求，更是一种社会责任。

总之，故事育人在激发学生创业精神方面具有独特的作用。通过讲述真实的创业故事、结合 SWOT 分析模型、开展创业故事会等以及培养学生的社会责任感，辅导员可以有效地激发学生的创业热情，为他们的未来创业之路奠定坚实的基础。

### （三）基于故事育人的就业创业指导

在职业规划与就业创业指导中，基于故事育人的路径具有独特而深远的意义。这种策略不仅关注学生的知识和技能培养，更重视通过故事的形式，激发学生的情感共鸣，从而引导他们形成正确的职业观和人生观。通过讲述真实的职业故事，学生能够更加直观地了解不同职业的特点和要求，从而为自己的职业规划提供参考。

高校就业指导中心定期邀请各行各业的校友回到校园，分享他们的职业成长故事。这些故事不仅包括了成功的经验，也涵盖了挫折和困难。学生们通过聆听这些故事，不仅了解了不同职业的发展路径，更从中汲取了面对挑战和困难的勇气和智慧。

基于故事育人的就业创业指导路径还应注重培养学生的创新思维和创业精神。通过分享创业者的故事，学生们能够了解到创业的艰辛和乐趣，从而激发他们对创业的热情和信心。这些故事也为学生们提供了宝贵的创业经验和教训，帮助他们在未来的创业道路上少走弯路。毕业生创业率较往年有了大幅提升，且创业项目的质量和成功率也显著提高。

### （四）故事育人的创新实践

在职业规划与就业创业指导中，故事育人策略的具体应用与创新实践显得尤为重要。通过引入生动真实的案例故事，辅导员能够帮助学生更好地理解和规划自己的职业道路。例如，通过分享成功创业者的故事，可以激发学生对于创业的热情和信心。这些故事不仅能够提供宝贵的经验教训，还能够帮助学生建立正确的职业观念和价值观。

创新实践方面，辅导员可以运用现代技术手段，如虚拟现实、增强现实等，将故事育人策略与数字化教育相结合。通过模拟真实的职业场景，让学生在虚拟环境中体验不同职业角色的挑战与机遇，从而更加明确自己的职业兴趣和方向。此外，辅导员还可以鼓励学生参与社会实践和志愿服务等活动，通过亲身体验来深化对职业的理解和认识。而学校通过引入企业家进校园、举办创业讲座等活动，能有效提升学生的创业意识和能力。

## 五、实践案例故事

### （一）分享真实案例，引导学生到祖国最需要的地方建功立业

辅导员要为学生提供科学的职业生涯规划和就业指导以及相关服务，帮助学生树立正确的就业观念，引导学生到基层、到西部、到祖国最需要的地方建功立业。为了引导学生认识基层，了解西部计划，辅导员除了召开主题班会，开展职业生涯规划与就业指导外，还可以通过讲述西部计划参与者的青春故事，以此激发学生的情感共鸣，在心中播撒立志到祖国最需要的地方去点燃青春的火种。以下故事均发生在同学们身边，可以作为辅导员引导学生进行职业生涯规划以及立志到祖国最需要的地方建功立业的案例故事。

#### 余燕君：到西部奋斗，让青春出彩

2021 年 5 月，正值毕业季，我在宿舍看到西部志愿汇的公众号正在招募志愿者，随后校团委也发了报名信息。“到西部去，到基层去，到祖国最需要的地方去！”这句口号让我这个准毕业生深受鼓舞。后来随着自己深入了解关于西部计划的种种信息之后，我就更加坚定了自己要加入西部计划的决心。于是，“到西部奋斗，让青春出彩”的信念开启了我的专属毕业季。

当自己的西部计划去意已决时，我担心的不是西部的条件艰苦，也不是未来的工作忙碌，唯一担心的就是家里的父母双亲。他们会不会不同意呢？在报名后，我怀着忐忑的心情给父母打了一通电话。果然，刚开始的时候他

们对于我的决定并不理解和接受。但当我向他们详细介绍了关于西部计划的方方面面后，父母亲最终才表示理解和支持。“既然你想去那就去吧。你长大了总是要出去的，趁着年轻去做点有意义的事情也好。”父亲在电话那头语重心长地对我说。而电话这头的我早已泪眼婆娑，心里除了感激父母对自己的包容理解和支持外，更多的就是想着自己将来一定要在西部好好奋斗，决不能给父母丢脸和辜负自己的美好韶华。

我做好了加入西部计划的各方面充分的准备，加之有了父母以及亲朋好友的支持与鼓励，我后来一路顺风顺水地通过了笔试、面试、体检等各个环节的考验。我终于在 7 月底踏上了前往新疆吐鲁番的火车。临别前，妈妈一遍又一遍地帮我检查行李是否打包牢固，所需物件儿是否捎带齐全。就在那一刻，我不敢多看妈妈一眼，生怕自己会忍不住掉眼泪。也就在那一刻，我感觉自己已悄然长大！后来看着妈妈慢慢离去的背影，我仿佛感觉她的步伐是多么的缓慢与沉重。

这是我第一次去往离家那么远的地方，单纯乘坐火车就要 45 个小时。一路上车窗外的风景从绿林变成戈壁，从大山变成平原，仿佛这一切都在告诉自己离家真的是越来越远了。在这辆终点站是乌鲁木齐的列车上，有吵闹的小孩，有安静看书的文艺青年，也有侃侃而谈的大学生，其中就有不少和我一样志同道合前往新疆的大学生志愿者。我们来自不同的学校和不同的城市，但都是为了同一个理想前往同一个目的地。

“本次列车即将到达吐鲁番市，请要下车的旅客提前做好准备。”凌晨五点，列车员浑厚而富有磁性的声音把我从睡梦中唤醒。经过两天两夜的车程，我们终于要到达目的地了。我赶紧伸伸腿舒展一下身子后，就着手收拾行李准备下车。我们一行人严格按照疫情防控的要求，在前来接站的吐鲁番市团委工作人员的帮助下顺利办理了出站手续。虽然其间过程比较复杂，但让大家近距离感受到了吐鲁番的热情似火。而凌晨 5 点扑面而来的热燥无比的微风，再次让一下车的我就深深地感受到“火洲”吐鲁番绝非浪得虚名啊。

此后，我接到通知自己被分配的工作地点是吐鲁番市托克逊县的文化体育广播电视和旅游局。这刚好与我在大学里学的旅游管理专业非常对口，我是何等的幸运啊！

8 月底我便正式入职了。刚进单位的我像一张白纸，对工作岗位和人事关系都不熟悉，因此离家千里的我偶尔也会心情沮丧。但好在我的领导和办公室的姐姐都非常关心和爱护我。她们还耐心地教我撰写材料和填报数据。于是，我很快就适应了新的工作岗位和当地的生活习惯。

2021 年 9 月 2 日上午，托克逊县大学生西部计划志愿者团支部在团县委的正确领导下，在托克逊县会务中心开展了中国共产主义青年团托克逊县大学生西部计划志愿者团员大会。在领导和同事们的支持与鼓励下，我积极参与团支部换届选举工作并成功当选纪检委员。当所有参会人员在团旗下合影留念时，这就标志着托克逊县 2021—2022 年度大学生西部计划志愿者团支部换届大会圆满成功。

当与诸多优秀的青年大学生志愿者一起站在鲜红的团旗下，我感慨万千心潮澎湃……在未来，我定将不负使命不负韶华，时刻谨记自己是一名来自大美湖湘的西部计划志愿者，在工作实践中我将用自己的满腔热血和实际行动完美诠释大学生志愿者精神！

**余燕君**：2021 届旅管 3 班班长，旅管学院治保部部长，舞蹈队队员，19 旅管 2 班助理辅导员，现为“2021 年湖南大学生志愿服务西部计划新疆地区分队”成员。

## 雷海艳：扎根基层 青春无悔

无意间翻阅了大学辅导员阙庆华老师发的推文，我了解到她创建的“乐学好思成长屋”微信公众号有个“奔跑日迹”的子栏目，主旨是推介和分享大学生成长路上能引人思考、学习与共鸣的各类青春故事。虽然毕业多年，但在我心里阙老师仍旧是那个热情奔放、和蔼可亲的良师益友。

昨天，我很荣幸地接到了阙老师发来的约稿函。回想自己毕业后走过的青葱岁月，不禁思绪纷飞……2012 年 6 月我从商职顺利毕业，同时也拿到了梦寐以求的自考本科文凭。从此，我和我的同学满怀欣喜奔赴属于各自的美丽前程。我在家人的鼓励下，于当年9月顺利通过招考，成功当上了一名光荣的大学生村官。

我工作的地点是郴州市北湖区华塘镇的土坑下村。我白天下村工作，晚上住在乡镇。那里的住宿条件很简陋，只有一间由小小的办公室改造成的单间宿舍，平时上厕所和洗澡都要去一楼。我平时一般是一周回一次家。没过多久，工作的烦琐，生活的单一，内心的不安，这一切如潮水般涌向我。加上大学生村官工资不高，而且没有编制，所以在工作之余，我一直暗下决心努力复习，争取能通过公务员招录考试。

后来通过三年的不懈努力，2015年9月我如愿考上了另一个县城的乡镇公务员。三年的乡镇基层工作经历，我身上早已褪去了稚嫩，也逐渐适应了单调、枯燥的乡镇生活。我的工作岗位在镇里的党政办。作为各类党政信息的核心集散地，我每天除了要接无数个电话进行信息的上传下达，还需做好会务、后勤等一系列工作。被繁杂的工作日复一日地萦绕着，我也会偶尔产生厌倦情绪，甚至觉得眼下的一切都没什么意义。记得当时有个热心的前辈曾对我说："基层工作就好比建房子打地基，地基不牢地动山摇。所以你眼下看似单一重复的工作，其实非常重要，要做好也就更不容易。我已经在乡镇工作20多年了，但我知道有些事是必须有人做的，并且还要想方设法做精做好。"从那以后，我坚定了自己扎根基层的坚定信念。无论乡镇再苦再累，既然是自己作出的选择，那么我也要像老前辈那样一定认真对待，并且要努力做到极致。

在组织的培养下，如今我已在另一个乡镇担任副镇长，分管办公室、组织工作，驻一个村和一个社区。现在，我深感自己身上的担子更重，责任更大，同时对自己工作能力的要求也更高了。

"上面千条线，下面一根针"，党建、教育、扶贫、宣传、创文、信访、维稳、意识形态、项目建设、拆违控违、人民调解、应急管理、安全生产、打非治违、食药质检、生态环境保护、退役军人服务、农业农村林业……上面的各项工作最终都需要按章依规地落实到镇、村两级。乡镇工作的不易只有正在奋战于一线或奋战过一线的人才能真正体会。

时光犹如白驹过隙，不经意间自己扎根基层已有 9 个年头了。回首一切过往，在乡镇基层的土壤上风雨兼程地挥洒了 9 年青春的我依然无怨无悔，仍为建设美丽乡镇而不忘初心，砥砺前行。

**雷海艳：**2009 级文秘 2 班学生，现为郴州市某乡镇副镇长。

### （二）讲述校友故事，阐述职业规划与就业指导

大学生在校期间对于职业规划、就业指导、感情相处、家庭事业等方面既憧憬又懵懂，需要辅导员加以引导。辅导员可以选取优秀毕业生的故事来对在校生进行学业、爱情、事业、家庭等方面的生涯规划教育。以下就是优秀毕业生陈扬倩回首自己毕业 10 年后的青春励志故事。

#### 我们的十年

人物一：我，2008 级酒店管理 2 班陈扬倩，曾任辅导员助理和班级女生委员

人物二：我的先生——地地，2008 级酒店管理 2 班龙地理，曾任班级团支书

人物三：我们俩的儿子——齐齐，2017 年天蝎暖男龙致远

#### 前　言

首先，诚挚感谢我亲爱的敬爱的可爱的阙老师给我发来“邀稿函”，让我有机会有勇气记录我和地地这十年的酸甜苦辣。执笔之前，我与地地说了我的思路和想法，作为一个文笔不差的文科生来说，地地给了我很多补充建议。纵观我们的很多同学、学弟学妹都已成为社会精英，而对比眼下自己的普通时我犹豫迟疑了，甚至好长一段时日我都没有下笔，直到在地地的真诚鼓励下，我才有了这个记录“快乐的普通人”的勇气和动力。

就在 3 月份，两张电影票，我与地地重返电影院看了电影《阿凡达》。多么幸运，时隔 11 年，我们还能有机会重看彼此约会的第一部电影。

就在 3 月份，一个小蛋糕，地地陪我庆祝了在楷林就职的六周年纪念日。

时隔6年，这是一段让我成长最快、收获最多的旅程，它给我带来了许多美好的回忆。

就在3月份，一行相思泪，我送别一个要奔赴上海发展的小姐姐，仅仅是怀念一场酒，一首歌，一碗嗦螺，就足以泪流满面。

我是陈扬倩，一个爱笑爱哭的奇女子，一个敢爱敢说的奇女子，一个快乐的普通人，我在美丽的西江千户苗寨慢慢回忆“我们的十年”。

### 2010—2014，我的第一份工作

2010年10月10日，因为自考本科还没有毕业，我决定选择留在长沙，在学校的安排下进入世纪金源大酒店做实习生。此后的三年多的时间，每一次调岗、晋升都让我冲劲十足。从西餐厅服务员、西餐厅迎宾员、送餐部话务员、行政酒廊管家、中餐厅预定员、中餐厅销售到后来的宴会部销售经理，这些职务的改变离不开我对所学专业的喜爱。我认为：做服务行业最重要的是细节和用心。

我曾经因为弯腰捡起一张纸巾被领导关注，服务行业主动意识的重要性即刻凸显；因为关注一个常住外宾的饮食喜好，用流利的英语做日常接待，于是我得到了步入社会第一封珍贵的表扬信。时隔十年，我依然清晰地记得那句：Your smile is the most beautiful flower in the world. 初入职场，如果真有什么法宝的话，那一定就是：一步一个脚印，踏实肯干，当你什么都不是的时候，你只要好好工作就好了。

### 2014，再不疯狂我们就老了

这一年，我们北漂了。为了陪地地完成他未完成的梦想，我辞掉了世纪金源大酒店的工作陪地地北漂。这个城市承载了很多小年轻的梦想。历经6个月，因为惰性，因为求安逸，我们决定返回长沙发展，自此我们的北漂梦破灭。这个决定在如今看来是大错特错，如果再有一次机会选择，我愿意选择在北京、上海、深圳这样的大城市历练。不可否认，长沙是一个很好的城市，但没有大城市的工作经验，我总感觉有一种莫名的缺失感，我就是单纯地觉得，我们应该趁着年轻去迎接更多挑战。

## 2015，初入房产行业

看到身边很多朋友做房地产后发展都不错，我也决定转行进入房地产试试。机缘巧合，进入了楷林。楷林是一家专注写字楼开发与管理的公司，目前也发展成为行业标杆，写字楼专家。在河西湘江畔，如今它已成为长沙市纳税额较高的一个项目，也是长沙河西售价和租金都超前的项目。

我想：楷林从默默无闻到如今誉满湖湘，离不开坚定做细分市场的专注。在众多开发商重力打造住宅、公寓、商业的大背景下，楷林选择做减法，只专注做写字楼。透过楷林的思路，我也尝试做人生减法，所有精力只专注于这个新的行业的基本知识和销售方法等方面的提升。步入社会，职场小白更应该清晰地认识到自己的长处，既然没有机会成为全才，就要竭尽全力把自己的优势无限放大。如果你颜值不错，那就应该每天把自己收拾得更加漂漂亮亮；如果你的口才不错，就应该努力珍惜每一次演讲或者发表讲话的机会；即使你的外语好，那也要每天坚持练习，争取有机会外语对话时可以让自己游刃有余。

总之，只有你找到自己的亮点，建立自己的专属IP，你才能成为非你不可的那个，而绝非可有可无。

## 2016，不随波逐流，才能脱颖而出

在职场特别努力的人可能会被视作另类。如果被视作另类可以让你成长，又何尝不可？我因为“爱出风头”，一度不受个别“不懂事”的老员工待见，也许是因为化了精致的妆容，也许是因为大家穿平跟鞋的时候我穿了高跟鞋，也许是因为不厌其烦承担大大小小的讲解接待任务，也许是因为没有随大流准时下班，也许……很多我认为理所应当的“努力”都被别人视作是另类。但作为一个没有高文凭、没有高颜值、没有好背景的职场小白，除了努力这条路，我无路可走。于是，我不断告诉自己：不用在意别人的眼光，不要担心被同级孤立，向上级谦虚学习，对下级无私帮扶，懂你的人自然懂你，你的努力自然会被看见。

就在这一年，领导介绍给我的一个客户资源成交了。我把发到手的所有

提成给地地全款买了一台车。这台车开到现在我们都一直没舍得换，因为它承载了关于我和地地、齐齐的很多浪漫；因为它还时刻提醒我：接受自己的普通，然后拼尽全力去与众不同。

## 2017，越努力越幸运

这一年，最重要的就是我生下了齐齐。特别值得一提的是，整个孕期我都没有耽误一天工作，因为地地每天负责车接车送，提供各种保障。公司的包容和理解让我很感动，作为一个基层销售，最好的回报就是漂亮的业绩。大概就是：越努力，越幸运。

因为孕期的客户积累和成交，我在月子里实现了6位数的月收入目标，这也是让我远离产后抑郁的一剂良药。

齐齐在我休产假的第一天早上8：00出生，生来白净乖巧。最有趣的是取名字，我是个俗人，一门心思想取名：龙井茶（龙代表地地，井横竖都是“2”，谐音“爱”，茶则寓意我是株洲茶陵人，寓意是地地爱我的意思）。地地是一个文化人，在取名字的时候很用心。小名：齐齐。取自：修身、齐家、治国、平天下。大名：龙致远。取自诸葛亮的《诫子书》：“夫君子之行，静以修身，俭以养德。非淡泊无以明志，非宁静无以致远。”

最终因为我的“大度”而定了这个略有内涵的名字。夫妻之道，贵在理解，一个什么都为你扛的男人，一个事事都让着你的男人，其实也需要你像宠孩子一样捧着他让着他。男人不易，且宠且珍惜。

## 2018，你是弹簧，你必须强

3月中旬，休完产假后我初返职场，一切的客户累积都需要从头开始，但鲜少有人看到我的落差和不自信。其实我因为好几个月没上班也会觉得与团队有距离感的。于是我选择一个人扎在安静的角落，重新熟悉产品，重新挖掘渠道，重新联络客户，立志做一个优秀的职场辣妈。

在最开始的16天里，地地担心我情绪不好，放着墙布店没开门做生意，不仅没有盈利，还得垫上一个月上万的运营成本，专职每天接送我上下班。因为是纯母乳喂养，每天中午12：00还得准时接我回家喂奶。在事业失落的时候，有一个温暖的人陪伴左右是可以给你无限信心的。

终于在返岗的第 17 天有了成交，一个简单的成交足以鼓励当时脆弱敏感的我。为了支持我做职场辣妈，地地阶段性放弃了自己的主业；为了支持我做职场辣妈，他会斥巨资带我定制职业装。除了钻戒，地地没有送过昂贵华丽的礼物给我，而那套职业装却是我最喜爱的。

我想，恋爱里，一个人爱你宠你是必须的；而婚姻里，一个人懂你更弥足珍贵，地地多温暖！

## 2019，婆婆是我的贵人

地地是一个很温暖的人，有很大原因是我的婆婆把他教育得很好。我也就很放心把我的儿子交给这个女人。

我的婆婆有多好——在孕期里，知道我爱吃酸，她会一早去菜市场等前一天跟商贩约好的没熟透的青橘子；在月子里，她担心我剥坚硬的东西以后会手指痛，于是她会把松子帮我剥好；冬日里她担心我吃了冷的东西会牙齿不好，于是她会把水果搭配好后用温水隔着容器“热”好了给我吃；齐齐长大些了，有些育儿方式方法有分歧，她会清楚地意识到孩子是我和地地的，在没有原则性错误的情况下都会分清主次，充分尊重我们年轻人的意见……

正是有了婆婆的无私付出，我才能毫无后顾之忧全身心投入工作当中。在年终业绩统计时，我的个人年度销售额占公司年度销售额 62%。由此可见：付出与收获是成正比的。我时常告诉自己：一定要感恩，没有哪个婆婆带孙子是理所应当的，也不是每一个人都要理所应当对你好的，在有人为你遮风挡雨的时候，你就应珍惜工作的时间和机会，让自己变得更好，去感恩去回报。父母的付出，不是因为执着，而是因为你值得。

## 2020，跟对的人，做对的事

我曾经一直以为职业生涯选对平台就可以，其实不然。当有了一定的人生阅历后，我慢慢发现在对的平台遇见对的人更重要，和优秀的人共事，自然近朱者赤，遇强更强。在初入职场时，我很容易嫉妒别人，很轻易想贬低别人，错误地以为贬低别人便能抬高自己。直到在晋升面谈时，有一个姐姐

（湖南楷林运营总经理）告诉我带团队要格外重视包容与利他的特质时，我才恍然大悟。

现在，我认为这不是简单的四个字，这就是职场的重要法宝。在原本可能会责备、抱怨、自私的状态时，这个法宝能让我待人处事更加从容，更加大度。

## 2021，憧憬与规划更多个十年

我的姐妹经常说我不会打扮，不会买衣服，审美不好等等，我都回赠她们一嘴狗粮：没办法，我所有的眼光都用来寻找地地了。

不是每一段校园恋爱都会无疾而终，不是每一段校园恋爱都不会得到祝福。有人喜欢捡石头，有人喜欢磨石头，从校服到婚纱，我的爱情观是：捡到喜欢的石头打磨成爱的模样。

佛手里的冰糖葫芦是向我求婚的捧花，我隐约还听到他对我说："我听说有人追你，所以我回来了！""他们都没有我爱你，嫁给我吧！"

回忆在蔓延，如果有机会，我还会记录更多个十年，记录更多普通人的快乐……

# 第十章　理论和实践研究中的故事育人

辅导员角色在历史的长河中经历了多次演变，从最初的政治辅导员到现在的全面育人辅导员，其角色定位已经从单一的政治引领扩展到了全方位的学生成长指导。随着教育理念的更新和高等教育的发展，辅导员的角色逐渐扩展到了学术指导、职业规划、心理咨询等多个领域。这种角色演变的背后，反映了高等教育理念的更新和学生需求的多样化。随着社会的快速发展和教育的不断创新，辅导员的角色还将继续演变和拓展。因此，辅导员需要不断更新教育理念，提高专业理论素养和实践研究能力，以更好地适应学生成长的需求和高等教育的发展。

## 一、辅导员在理论与实践研究中的角色定位

在辅导员的理论与实践研究中，其职责不仅局限于日常的学生工作，更在于通过深入的理论探索和实践研究，推动学生工作的创新与发展。因此，辅导员还需注重个人素质提升与自我发展，主要体现在理论和实践研究上，包括努力学习思想政治教育的基本理论和相关学科知识，参加相关学科领域学术交流活动，参与校内外思想政治教育课题或项目研究。辅导员需要站在理论与实践的交汇点上，将理论研究成果转化为实践中的有效策略，同时，通过实践经验的积累，不断修正和完善理论模型。

辅导员还需要关注理论与实践研究的前沿动态，不断吸收新的理念和方

法。例如，近年来，越来越多的研究开始关注辅导员的职业成长与发展。辅导员可以通过参与学术研讨会、阅读专业期刊等方式，了解最新的研究成果和趋势，为自己的职业发展提供有力支持。

以辅导员在学生心理健康方面的理论与实践研究为例，他们可以通过问卷调查、访谈等方式收集数据，分析学生心理健康的现状与问题。结合心理学、教育学等相关理论，辅导员可以提出针对性的干预措施，如开展心理健康讲座、提供心理咨询服务等。这些措施的实施效果，可以通过前后测对比、学生反馈等方式进行评估，从而验证理论的有效性和实践的可行性。其间，离不开辅导员积极主动学习相关理论知识，并对工作实践开展探索研究。

综上所述，辅导员在理论与实践研究中的职责是多方面的，他们既是理论的研究者，也是实践的探索者。通过不断的理论学习和实践探索，辅导员可以不断提升自己的专业素养和综合能力，为学生工作的发展作出更大贡献。

## 二、提升理论与实践研究中的故事育人能力

### （一）加强辅导员业务培训

在辅导员故事育人的实践中，加强辅导员的专业培训显得尤为重要。当前，随着教育理念的不断更新和教育技术的快速发展，辅导员需要不断提升自身的专业素养，以更好地运用故事育人的方法。为此，学校可以采取一系列措施来加强辅导员的专业培训。

首先，可以组织定期的辅导员培训活动，邀请教育领域的专家学者进行授课，分享最新的教育理念和教育技术，讲述辅导员提升业务能力的具体个案和真实事例。通过这些培训活动，辅导员可以学习到更多的理论知识，了解故事育人的最新实践成果，从而提升自己的专业素养。

其次，可以建立辅导员学习共同体，鼓励辅导员之间互相学习、互相交流。在这个共同体中，辅导员可以分享自己的故事育人经验，探讨遇到的问题和解决方案，从而不断提升自己的实践能力。同时，也可以邀请优秀的辅导员进行经验分享，让其他辅导员从中受益。

此外，还可以采用案例分析、模拟演练等培训方式，让辅导员在实践中学习和提升。通过案例分析，辅导员可以深入了解故事育人的具体实践过程，学习如何选取合适的故事素材、如何创设故事情境等。通过模拟演练，辅导员可以在模拟的情境中实践故事育人的方法，从而提升自己的实践能力。

加强辅导员的专业培训还需要建立完善的评估机制，对培训效果进行定期评估。通过评估，可以了解辅导员在故事育人方面的实际水平，发现存在的问题和不足，从而有针对性地进行改进和提升。同时，也可以对优秀的辅导员进行表彰和奖励，激励他们继续发挥优势，为故事育人的实践作出更大的贡献。

总之，加强辅导员的专业培训是提升辅导员故事育人能力的重要途径。通过定期的培训活动、建立学习共同体、采用案例分析等培训方式以及建立完善的评估机制，可以不断提升辅导员的专业素养和实践能力，为故事育人的实践提供更加坚实的支撑。

### （二）持续转变与更新理念

在辅导员的工作中，持续转变与更新故事育人理念是不可或缺的一环。随着社会的快速发展和教育环境的不断变化，辅导员需要紧跟时代步伐，不断更新自己的知识储备和教育方法。通过参加专业培训、阅读相关书籍、与同行交流等方式，辅导员可以不断汲取新的教育理念和故事创作技巧，从而丰富自己的故事育人资源库。

近年来，叙事教育在心理学领域得到了广泛关注。辅导员可以通过学习叙事心理学的相关理论，了解如何通过故事来帮助学生构建自我认知、处理情感问题。同时，结合具体案例，辅导员可以分析不同故事类型对学生产生的心理影响，从而更加精准地运用故事育人策略。

辅导员还可以借鉴其他学科的知识和方法来丰富故事育人理念。比如，结合传播学中的叙事理论，辅导员可以学习如何构建引人入胜的故事情节，提高故事的传播效果。同时，通过引入文学、历史等领域中的经典故事，辅导员可以为学生提供更加丰富的故事素材，激发他们的学习兴趣和思考能力。

在持续学习与更新故事育人理念的过程中，辅导员还需要注重实践探索。通过在实际工作中不断尝试新的故事创作和讲述方式，辅导员可以积累经验、发现问题，并不断完善自己的故事育人策略。同时，辅导员还可以通过与其他教育工作者的合作与交流，共同探索故事育人的最佳实践路径。

总之，持续学习与更新故事育人理念是辅导员专业成长的重要途径。通过不断汲取新知识、探索新方法、积累新经验，辅导员可以不断提升自己的故事育人能力，为学生的全面发展提供更加有效的支持。

### （三）提升创作与讲述能力

在提升故事创作与讲述能力方面，辅导员首先需要深入理解学生的需求和兴趣点，与学生生活紧密相关的故事更容易引起他们的共鸣。通过调查问卷或日常交流，辅导员可以了解到学生们对哪些话题感兴趣，哪些经历让他们印象深刻。基于这些信息，辅导员可以更有针对性地创作故事，提高故事的吸引力和教育效果。

辅导员可以通过参加专业培训或工作坊来提升自己的故事创作技巧。这些培训通常包括如何构思故事情节、如何塑造生动的人物形象、如何设置悬念和高潮等。通过学习和实践，辅导员可以逐渐掌握故事创作的核心技巧，使故事更加引人入胜。

此外，辅导员还可以从经典的故事作品中汲取灵感和营养。无论是文学作品、电影、电视剧还是网络故事，都可以成为辅导员学习的对象。通过分析这些作品的故事结构、人物塑造和情节发展，辅导员可以学习到不同的故事创作方法和技巧，丰富自己的故事创作库。

同时，辅导员还需要注重提高自己的口头表达能力。毕竟，一个好的故事需要通过生动的讲述来传达给观众。辅导员可以通过参加演讲比赛、写作训练等方式来提升自己的语言表达能力。此外，辅导员还可以学习一些演讲技巧，如如何控制语速、如何运用肢体语言等，使自己的故事讲述更加生动有趣。

最后，辅导员需要不断实践和反思。每一次的故事创作和讲述都是一次学习和提升的机会。辅导员可以通过收集学生的反馈意见、观察学生的反应等方式来评估自己的故事创作和讲述效果。在此基础上，辅导员可以及时调整自己的创作和讲述方式，不断提高自己的故事创作与讲述能力。

生活中一个扣人心弦的好故事，其开头部分往往都会引人入胜，中间部分必充满悬念，结尾部分会让听众感到满心欢喜。辅导员在提升故事创作与讲述能力的过程中，也应该遵循这一原则，努力创作出既有趣又有教育意义的故事，为学生的成长和发展贡献自己的力量。

### （四）构建支持系统

为了更有效地实施辅导员故事育人策略，构建故事育人的支持系统显得尤为关键。这一系统不仅应包含丰富的故事资源库，还需配备专业的培训模块和持续的评估机制。首先，故事资源库的建设是基础，它应涵盖历史、生活、励志等多个方面的故事，确保辅导员在育人过程中有足够的素材选择。同时，这些故事应经过精心挑选和甄别，确保其教育价值和正面影响。其次，专业培训模块的设置至关重要。通过定期举办工作坊、研讨会等形式，提升辅导员讲述故事的能力和技巧，使他们能够更生动、更有趣地呈现故事，从而吸引学生的兴趣和注意力。此外，持续的评估机制也是必不可少的，通过收集学生的反馈、观察学生的行为变化等方式，对故事育人的效果进行定期评估，以便及时调整策略和方法，确保育人效果的最大化。

学校可以构建故事育人共享平台。这个平台不仅能提供大量精选的故事素材，还能配备在线培训模块和评估工具。辅导员可以在平台上选择适合的故事，学习如何有效地讲述，并通过平台收集学生的反馈和数据，以便及时调整自己的育人策略。构建故事育人的支持系统，正是为了帮助辅导员更好地提出问题、解决问题，从而更有效地实现育人目标。通过不断完善这一系统，可以期待辅导员在故事育人方面取得更加显著的成果。

## 三、实践案例故事

辅导员为了更好地做好本职工作，除了努力学习思想政治教育的基本理论和相关学科知识，还需要深耕本职开展相关理论与实践研究，将相关研究经验和成果作为辅导员团队交流与提升的案例素材，以此来提升辅导员的业务素养和故事育人能力。

### （一）开展课题研究的案例

在日常工作中，辅导员要有理论研究的意识。一名辅导员立足湖湘本土特色，科学组建课题研究队伍开展了“湘商文化资源的高校德育功能研究”。经过前期的研究积累，该课题有幸立项为省级高校思想政治研究课题。课题团队在研究过程中，将湘商文化资源融入高校德育，不仅可以增强新时期高校德育的吸引力和感染力，拓展和创新德育的教育内容，提高大学生的思想政治素质和创业素养，培育和践行社会主义核心价值观，还能够激发大学生创业的激情与梦想，唤起大学生群体投身自我实现的“双创”时代洪流，有效对接湖南区域经济的飞速发展。经过两年的研究，辅导员的课题顺利结项，以下是课题结项报告书，同时也是辅导员团队开展理论研究的交流素材，可作为辅导员同行开展理论研究的参考案例。

## 《湘商文化资源的高校德育功能研究》课题结题报告

党的十八大以来，尤其是党的十九大报告以及习近平总书记的系列讲话，让我们强烈感受到党和国家正在主动地推动中华优秀传统文化的传承与发展。湘商文化是对湖湘文化的自觉传承与发扬，是对湖南商人创造的物质财富和精神财富概括基础上形成的一大商业文明体系，也是博大精深的文化资源宝库。其所蕴含的以“责任、创新、务实、和谐、诚信”为核心思想的湘商精神，不但与中华优秀传统文化大力弘扬的核心思想理念、传统美德和人文精神高度契合，更是对社会主义核心价值观的自觉践行。经过两年的研究，本课题组已经完成预期研究计划，现将研究工作总结如下：

### （一）主要研究内容及研究方法

在研究过程中，课题组主要运用了文献研究法和访谈调研法开展各项研究工作，主要研究内容一是科学界定“湘商”“湘商文化资源”等关键词的内涵并进行课题研究综述；二是充分挖掘湘商文化资源所蕴含的德育价值与功效；三是突出明确在高校运用湘商文化资源进行德育的基本原则；四是积极探究在高校运用湘商文化资源进行德育的实施路径。

### （二）主要研究结果

1. 湘商文化资源的德育价值与功效

通过研究与实践，我们将湘商文化资源蕴含的德育价值与功效概述如下：(1) 它心忧天下的爱国精神是加强大学生爱国主义和理想信念教育的立足点；(2) 它经世致用的务实态度是引导大学生树立忧患意识和社会责任意识的切入点；(3) 它实事求是的诚信态度是进行大学生诚实守信和公平正义教育的突破点；(4) 它兼容并蓄的和谐理念是引导大学生悦纳自我和建立和谐人际关系的着眼点；(5) 它敢为人先的创新精神是激励大学生开拓进取和勇于创新创业创优的生发点。

2. 湘商文化资源在高校德育中的应用现状

研究过程中，我们了解到湘商文化资源在高校德育中的应用现状：一是其德育功能整体关注度不高，二是湘商文化的推广缺乏相关课程的有力支撑。

3. 湘商文化资源在高校德育中的应用原则

通过探索与实践，我们认为湘商文化资源在高校德育中的应用方面要把握五个方面：(1) 各类湘商文化资源的选择要遵循社会主义核心价值观的总体要求；(2) 要通过广泛调研及时了解和把握大学生德育现状，切忌理论与实践脱节；(3) 要辩证地看待广大湘商的经商商道、经营模式和成长成功，切忌以偏概全；(4) 要引导大学生正确对待湘商所创造和积累的各类财富，切忌盲目地自卑沦陷或拜金仇富；(5) 要精准把握运用湘商文化资源进行德育的时机，切忌盲目推进和不加选择地运用。

4. 推动湘商文化资源在高校德育中的有效应用路径

高校运用湘商文化资源进行德育的实施路径主要有以下五个方面：

(1) 科学构建湘商文化德育课程体系，主要包括：① 学校要在思想上重视湘商文化的德育功效，在“两课”相关课程中有机渗透和融合湘商文化元素；② 全面开设“湘商文化”“湘商学”等相关课程；③ 开展广泛的调研，科学完善湘商文化育人课程的考核与评价机制，及时做好反馈和完善工作。

（2）科学开发与整合各类线下线上的湘商文化资源，主要内容有：① 线下方面主要包括依托湘商文化院、湘商文化长廊、湘商创业园开展德育活动，开发富有特色的湘商文化系列教材，利用好湘商文化院这个重要的文化德育阵地；② 线上方面主要包括充分利用已打造好的“湘商文化网”等各类数字媒体资源，充分运用新媒体新技术精心打造网络思政新阵地。

（3）积极构建多方位的湘商文化育人体系，具体体现在：① 依托各类课堂体系，尤其是充分利用好思政课大课堂和湘商文化公选课课堂；② 构建文化育人体系，开展丰富多彩的校园湘商文化活动，营造浓厚的校园湘商文化氛围；③ 构建实践育人体系，开展“助力湘商新苗”暑期“三下乡”、湘商企业参观走访、参观湘商创业园、志愿服务、勤工助学等社会实践活动；④ 构建科研育人体系，以湘商文化院为科研基地，深入研究湘商源流、湘商精神、湘商风物、湘商模式、湘商精英、湘商成就和社会贡献；⑤ 推进资助育人体系，争取各方湘商力量来校捐资办学助学；⑥ 加强服务育人体系，带领和组织“海芽亲亲”志愿者服务队，用湘商精神为广大师生热情服务；⑦ 搭建网络育人体系，主要依托湘商文化专题网和网上湘商文化院构建湘商文化网络育人体系。

（4）加强湘商文化传播的师资队伍建设，首先学校要从人才培养方案的顶层设计上鼓励教师积极努力完善自身的知识结构。其次高校还要鼓励相关老师们对湘商文化积极进行科研和探讨，鼓励其深入湘商企业挂职锻炼。

（5）树立湘商文化大德育观念，形成社会、学校、家庭三位一体的德育合力。

### （三）此项研究的意义和应用前景以及学术界的反映和引用

湖南商务职业技术学院的“湘商文化育人工程”自从实施以来，就得到了人民网、中国教育新闻网以及湖南省人民政府网、湖南日报社等国内多家主流媒体的关注与报道，使湘商文化的育人铸魂成效辐射到全社会，成为中华优秀传统文化进校园的新亮点。本课题在此基础上展开研究，具有很强的现实研究意义和很广的应用研究前景。

本课题的研究紧密围绕“立德树人”的根本任务，将湘商文化融入大学生德育过程中，是高校思想政治教育的首创，除了能与时俱进引导广大学生树立科学的成才观，还能为培育出独具特色的高素质湘商领军人物和大批优秀的技术技能型湘商人才探索有益途径，更是对我国优秀传统文化的继承与创新，以及对大学生进行社会主义核心价值观教育的革新与探索。

（四）与预期计划和目标比较，说明完成情况及存在问题

两年来课题组按照预期计划开展各项工作，如期顺利完成了研究任务，达到了预期的效果。课题组成员大都是年轻人，科研热情高，但科研素养与能力还需日后努力提升。“湘商文化育人”这一课题值得学界全方位多角度继续深入探讨，因此我们目前积极申报了“传承湘商文化精神，培育高职‘三创’英才—阙庆华辅导员名师工作室”，并拟申报湖南省自然科学基金科教联合基金项目 1 项。

### （二）撰写科研论文的案例

辅导员结合社会主义核心价值观的培育实践，立足湖湘本土文化特色，依托学校湘商文化院的丰富素材，开展了利用湘商文化育人的理论与实践研究，撰写了理论研究文章《湘商文化厚植大学生家国情怀的实践创新研究》。以下是原文：

#### 湘商文化厚植大学生家国情怀的实践创新研究

时代总是把历史责任赋予青年。中国最早的马克思主义传播者李大钊曾说：“青年者，国家之魂。”习近平总书记的《在庆祝香港回归祖国 25 周年大会暨香港特别行政区第六届政府就职典礼上的讲话》中指出：要引领青少年深刻认识国家和世界发展大势，增强民族自豪感和主人翁意识。当代大学生

作为新时代的中国青年，务必要通过学习中华优秀传统文化来厚植家国情怀。湘商文化作为中华优秀传统文化的有机组成部分，它孕育和根植于湖湘文化，对湖湘学子而言具有天然的亲和力，尤其是其以“责任、创新、务实、和谐、诚信”为精髓的湘商精神，不仅契合社会主义核心价值观，还蕴含着浓厚的家国情怀。

## 一、湘商文化及其家国情怀解读

习近平总书记在中央党校建校80周年庆祝大会讲话中强调：中国传统文化博大精深，学习和掌握其中的各种思想精华，对树立正确的世界观、人生观、价值观很有益处。青年学子务必要认真学习优秀的中华传统文化。湘商文化作为一种地域商业文化，同时也是中华优秀传统文化的有机组成部分。湘商文化中以“心忧天下的社会责任、敢为人先的创新能力、经世致用的务实精神、兼容并蓄的和谐理念、实事求是的诚信意识”为精髓的湘商精神，就体现出湘商群体具有浓厚的家国情怀。

湘商，湖南商人的简称，一般指湖南籍的商人、实业家的集合。湘商文化是在对湖南商人创造的物质财富和精神财富概括基础上形成的一大商业文明体系，涵盖湘商的财富积累、商业思想、商业模式、文学艺术及其民俗风物等众多要素，是一个博大精深的地方商业文化宝库。从古至今，湖南商人都是中国经济发展的中坚之一。经过广大湘商的不懈努力，2009年湘商正式被纳入全国10大商帮。湘商商会、湘商大会、湘商力量榜等商会团体、商会活动及其影响力与日俱增，尤其是“全球湘商十大风云人物”“全球湘商十大新锐人物”“全球十大责任湘商”和“全球湘商十大诚信企业”等评选活动以及被评选出来的湘商企业家与企业代表，无不紧密契合时代的发展脉搏。他们中有不少优秀湘商企业家和企业代表自觉地将个体奋斗打拼与时代的发展进步有机融合，在追求个体梦想与成就的同时也为时代的发展与创新贡献了力量。洪江古商城、宝庆码头、火宫殿、甘长顺、唐人神、步步高、三一集团、中联重科等一大批湘商古建筑、百年老字号和名流企业，在其发展、演变、壮大过程中，无不与民族和国家的进步和发展同向同行。它们均为社会作出卓越贡献，也都体现了浓厚的家国情怀。

## 二、湘商文化厚植大学生家国情怀的实践路径

湘商文化是一个博大精深的地方商业文化宝库，湘商群体在创新创业过程中具有浓厚的家国情怀。处于人生“拔节孕穗期”的广大湖湘大学生理应了解和学习湘商文化，以此来厚植家国情怀。

### （一）深挖湘商文化的德育资源

虽然目前湘商文化还不如晋商文化、徽商文化等商业文化在海内外的影响深远，甚至还没有引起众多学者对其开展系统深入的研究，但随着湘商群体在社会主义市场经济大潮中所作出的重要贡献，湘商及湘商文化近年来的影响力不可小觑。在引领青年大学生成长成才的过程中，理应重视湘商文化中的德育资源的深入挖掘。

在德育视域下对湘商文化进行整理和深挖，不仅能提炼浓厚的家国情怀，还能以此激发广大青年学子将个人命运与国家发展前途自觉融合。但湘商文化毕竟是一种地方商业文化，免不了带有一些商业色彩，甚至其中有些内容与当代大学生思政教育的原则与要求不符。因此，在运用湘商文化厚植大学生家国情怀时，势必要契合社会主义核心价值观对其所蕴含的德育资源进行发掘、整理、分析、研究、宣传和弘扬。

在实践过程中，辅导员可以紧扣以“责任、创新、务实、和谐、诚信”为精髓的湘商精神，尽可能挖掘从古到今的一批家国情怀浓厚的湘商企业和企业家代表，从其发展、壮大、鼎盛期间所面临的各种困境及其为之付出的努力和创新等角度进行湘商故事的讲述与弘扬。尤其是像大慈善家余彭年反哺社会以及梁稳根壮大与创新民族实业的湘商故事，更是值得作为德育素材进行多角度深挖。此外，还可以对与湘商发展过程相关联的一些民俗美食、建筑风物等资源提炼德育元素。比如唐人神、臭豆腐、火宫殿、洪江古商城、甘长顺等美食、建筑和百年老字号，在它们身上都能找到湘商在时代大潮中的发展影子，在它们的发展历程中均能找到家与国相得益彰的影子。辅导员也可以从社会上出现的诸多湘商文化的文学影视作品中深挖对大学生进行家

国情怀培育的德育资源。比如在央视八套播出的电视剧《一代洪商》，以真实史料为基础，展现了一代洪商的经商理念和家国情怀，展开了一幅洪商发展与国家共命运的壮美画卷。

### （二）善用湘商文化的传播平台载体及资源

随着湘商的崛起，社会上对于湘商文化的宣传与研究也日益增多，因此辅导员要善于运用这些平台载体及资源厚植大学生家国情怀。

一方面辅导员要善于利用“感动湖南”年度十佳人物的评选活动，以及湘商商会、湘商大会、湘商力量榜等商会团体、商会活动，从中提炼蕴含家国情怀的德育资源。比如通过湘商力量总评榜评选出来的“全球湘商十大风云人物”“全球湘商十大新锐人物”“全球十大责任湘商”和“全球湘商十大诚信企业”，辅导员可以从创新、责任、诚信等不同角度对评选出的湘商代表或企业代表挖掘出更多的德育素材。比如中南大学教授何清华，作为国家科技进步奖二等奖的获得者，其创办的山河智能装备股份有限公司研发有200多种具备自主知识产权和核心竞争力的装备产品，是国家高新技术代表企业。比如被评为2020“感动湖南”年度十佳人物的公益行者李立华。她“半生乐慈行善，积小善成大爱。一心扶危助困，树道旗成红旗”。她下岗后靠诚信经商致富，积极投身社会公益事业，28年行善路，选择一段人生，温润一方水土，多年来累计捐出爱心善款、物资折合3000余万，自己也成长为湖南省劳动模范和全国最美志愿者。上述这些杰出的企业家以及代表企业，都有着浓厚的家国情怀，是辅导员进行立德树人的宝贵德育资源。

另一方面，辅导员还要善于从“新媒体+互联网”中发掘湘商文化的德育资源。比如致力于传播湘商文化、服务于湘商发展的湘商网，它就设置了9个频道、100多个栏目，在商界、政界、学界都享有较高的知名度和美誉度。还比如纪录片《天下湘商》、影视剧《一代洪商》、《湘商时代》周刊以及相关商会会刊等传媒资源。辅导员除了自己从中深入挖掘有价值的德育资源，还可以引导广大青年学子自主深入了解，以多元化途径达到厚植大学生家国情怀的功效。

### （三）加强湘商文化的校园文化建设

校园文化具有互动性和渗透性等特点，好的校园文化对于大学生德育教育具有潜移默化的正向作用。将湘商文化中的家国情怀因子在校园文化中凸显出来，对于湖湘学子厚植家国情怀有着非凡的意义。高校在创建具有家国情怀的湘商文化元素的校园文化时，一方面可以通过主题网站、宣传长廊、校园广播电台、湘商文化报道专栏等平台载体，向广大学生宣传具有德育效应的湘商文化；另一方面可以举办主题演讲、故事大会、企业走访、校友访谈、湘商讲堂、文艺汇演、体育赛事、视频大赛、暑期社会实践、班团主题活动等专题活动，让广大师生员工了解、参与到湘商文化的系列活动中来。当然还可以开展更多的湘商文化元素的校园文化建设活动。在此过程中，让大家在了解和走近湘商的过程中，还能从湘商创业历程中深深感悟到，个人的价值追求与时代社会的发展前进是水乳交融的，在引领广大青年学子主动进行职业规划并迸发奋斗激情时，还能厚植浓浓的家国情怀。

### （四）重视湘商文化的课程建设

湘商文化课程的建设对于湖湘商科学子意义非凡，同时对于其他学科的广大青年大学生了解湖湘地域文化，也有重要意义。湘商文化作为湖湘地域特色浓厚的商业文化，一方面可以帮助商科学子深入了解商业领域的相关知识，另一方面由于其具有天生的地域亲和力而容易被青年大学生们接受。因此，高校要重视湘商文化的课程建设，在广泛开展湘商文化调研的基础上，编著和修订相应教材，科学制定课程标准和教学大纲，统筹规范教学资源、场地、经费，探讨制定科学合理且操作性较强的课程考评体系。据了解，我省已有部分高校开设了与湘商文化相关联的课程，并且育人效果较理想。例如湖南商务职业技术学院除了在思政课堂里契合湘商文化元素外，还将“湘商文化”作为一门校级公共必修课开设，共计 16 课时 1 学分，让学生一入校就接触湘商文化，以此厚植大学生的家国情怀。

### （五）加强湘商文化的师资队伍建设

湘商文化作为一种地域商业文化，一方面它有别于其他地域的商业文化，另一方面其商业性质浓厚，并非全部适合拿来作德育素材。因此，如何深挖其中有利于立德树人的德育元素与素材，并且让广大青年大学生感兴趣且乐于接受，这就势必对湘商文化课程的教师提出了更高的要求。为了加强湘商文化的师资队伍建设，政府和高校除了提高站位高度重视外，还要从师资队伍的培养规划、人员选拔、经费待遇等方面予以保障。首先，要选拔一支政治素养高、业务能力强的师资队伍。立足大学生思想政治教育现状，传授湘商文化知识的教师可以从高校的思政课与基础课教师、辅导员以及专业课教师和行政管理人员中选拔培养，也可以从湘商企业里聘请符合授课要求的校外人士。其次，要加强对湘商文化课程教学的师资人员的培训交流，可以利用节假日组织师资队伍进行专题培训，对教学理念、方法以及教学内容进行探讨与交流。高校可以组织湘商文化的主讲教师深入企业挂职锻炼，近距离了解和融入企业及其企业文化，也可以组织所聘请的企业授课人员入校深入了解当代大学生的整体状况尤其是其思想状态。

此外，政府、企业和高校还要积极引导与鼓励大众对湘商文化进行深入的研究探讨，并创新媒介加大力度宣传与推广湘商文化。

“家是最小国，国是千万家”。中华儿女历来具有浓浓的家国情怀，特别注重将个人、家庭的前途命运同国家和民族的兴衰荣辱紧密相连。教育部印发关于如何加强大学生家国情怀培育相关文件，可见党和国家非常重视培育青年大学生的家国情怀。湘商文化作为中华优秀传统文化的有机组成部分，不仅具有鲜明的本土地域特色，还具有浓厚的家国情怀，蕴含丰富的德育资源。如果辅导员在对广大青年大学生进行思想政治教育时，能甄别和深挖湘商文化中富有家国情怀的德育元素与素材，那么势必能更好地厚植湖湘学子的家国情怀。

**参考文献：**

[1] 周忠新，孔军山. 湘商文化教程［M］. 湖南人民出版社，2016.

[2] 肖军. 传承洪商文化 厚植家国情怀［N］. 湖南日报，2022-4-11(4).

[3] 徐正中，顾化艺. 基于中华优秀传统文化的大学生家国情怀培育探析

[J]. 汉字文化，2020（18）：45-46.

[4] 宋超. 地域文化资源的课程思政应用与实践——以宁波大学科学技术学院创新创业课程为例［J］. 宁波经济（三江论坛），2022（04）：35-37+48.

[5] 阙庆华. 谈湘商文化资源的高校德育功能［J］. 文教资料，2018（5）：81-82.

### （三）开展实践研究的经验交流案例

本项目组在思政育人的实践过程中，立足湖湘本土文化特色，契合湘商精神的育人价值，成功立项了省级辅导员名师工作室。在工作室的建设过程中，辅导员科学搭建辅导员团队队伍，积极与省内外同行交流工作室的建设情况，以此促进了辅导员团队成员的成长。辅导员还将工作室的建设经验加以整理与提炼，集结刊登在云南大学出版社出版的《新时代辅导员工作室建设指导手册》一书，以下是原文：

#### 传承湘商文化精神，培育高职“三创”英才

——湖南省辅导员阙庆华名师工作室经验交流

**工作室简介：**

“传承湘商文化精神，培育高职‘三创’英才——辅导员阙庆华名师工作室”由湖南商务职业技术学院专职辅导员阙庆华带领全校10余名精干辅导员、学管干事以及两课教师组建而成，于2018年9月立项为湖南省辅导员名师工作室。工作室紧紧围绕立德树人的根本任务，依托学校成效显著的“湘商文化育人”工程，把思想政治教育工作融入职业规划与就业创业指导全过程，将湘商文化滋养、内化到高职学生“三创（创新创业创优）”教育的各环节。

**建设目标：**

本工作室围绕立德树人的根本任务，严格按照工作室的建设要求，力争通过3年的不懈努力，一方面使工作室成员人才形成梯队、骨干形成团队、“带头人”形成核心，从而更好地推进我校辅导员队伍的职业化、专业化和专

家化建设；另一方面将湘商文化滋养、内化到大学生“三创”教育的各环节，革新大学生思政教育的内容与形式，创新高职商科育人模式，让广大学生在创新创业创优领域得到收获与成长，为实现中华民族伟大复兴的中国梦添砖加瓦。

**建设举措：**

一、依托“湘商文化育人工程”，举全力构建“三创”教育体系

工作室依托学校湘商文化育人工程的“四大阵地、三支队伍、三大平台和三类实践”，结合招生就业处打造的线上线下大学生就业创业指导和信息服务系统，360 度全方位进行“三创”教育。

二、立足学生实际，有规划分阶段实施“三创”教育

针对大一学生开展“创新·素养”专题活动：通过开展与举办国学人文素养、社交与职场礼仪的讲座、湘商文化艺术节、征文、演讲大赛以及参观湘商代表企业等活动来提升其职业素养与培养创新意识。

针对大二学生开展“创业·能力”专题活动：利用假期开展“助力湘商新苗”系列活动，比如参观走访湘商企业、体验参观湘商创业园、湘商榜样社会调查等各类实践活动；举办或组织学生参加各类创新创业竞赛与讲座、“湘商文化大讲堂”等系列活动，以此引领大家进行创业的情感体验，提升创新创业能力。

针对大三学生开展“创优·成才”专题活动：利用“湘商文化育人创新发展论坛”“湘商大讲堂”以及学生顶岗实习、优秀毕业生事迹分享会等相关活动，引导毕业生树立创新创业创优意识，明确职业发展目标，尽快适应社会、融入社会，尽快成长成才。

三、科学合理规划愿景，努力打造优秀团队

工作室聘请学校党委周忠新书记和主管学生工作的廖良林副校长担任建设顾问，尤其是周忠新书记积极开展湘商文化育人，其主持的“湘商文化培育高职商科人才的创新与实践”获得湖南省教育科学研究成果一等奖。工作室合理规划，科学制定系列规章制度，鼓励成员们积极参加各类培训，深入

企业走访调研，力争打造出优势互补、梯队合理、素质较高的优秀团队。

四、构建“四维”网络育人平台，培育湘商“三创”英才

一是依托学校的网上湘商文化院推进工作室建设；二是整合已有各类资源运用微信公众号、微视频等新媒体平台，及时推送本工作室线上线下所开展的系列活动；三是拟通过新媒体平台推送100个自录自编的关于湘商成长成才、创新创业、成功慈善的音频小故事或纸媒刊物故事，用《天下湘商》《湘怀天下》等湘商文化音像素材培育、滋养湘商新苗；四是加强与学生的网上互动交流，加强学生网络素养教育，弘扬主旋律，传播正能量。

**建设成效：**

一、学生“三创”意识浓厚

在各类比赛中涌现一大批优秀学子，在学校举行的各类文体竞赛中，学生踊跃参加，成绩斐然。尤其在“互联网+”大学生创新创业大赛、黄炎培职业教育创新创业大赛和“挑战杯”中国大学生创业计划竞赛等相关赛事中，团队成员所带学生提交了近100份各类参赛策划书，由阙庆华老师指导的项目《为食出发》获得学校第一届“卓越杯”“互联网+”大学生创新创业大赛的一等奖。

二、团队成员提升较快

主持人阙庆华获得共青团湖南省直属机关工委大学生暑期“三下乡”社会实践活动“优秀指导老师”、学校“教书育人楷模”“优秀共产党员”等系列称号。团队成员里顺利晋升了1名教授和1名高级政工师，1名老师顺利考取国家二级心理咨询师。目前所有成员都加入了学校的一个学习研究团队（归属于学校实施辅导员队伍职业能力提升“五个一”工程），其中负责人阙庆华还担任了文化育人（含湘商文化育人、艺术教育）团队的主持者。

**下一步建设规划：**

本工作室紧密围绕立德树人的根本任务，严格按照建设规划要求，结合高职学生的实际需求，有针对性地举办演讲、论坛、调研等系列相关活动，将湘商文化滋养、内化到大学生“三创”教育的各环节，创新高职商科育人

模式，革新高职学生“三创”教育的内容与形式。

（一）力争能在“互联网+”大学生创新创业大赛、黄炎培职业教育创新创业大赛和“挑战杯”中国大学生创业计划竞赛等相关赛事的省赛中有所突破；

（二）力争团队成员中有2~3人能晋升高一级职称；

（三）力争至少立项2项省级、5项校级课题（项目），发表2篇以上科研论文，推出有较大社会影响力的新闻报道1~2篇。

本案例一经刊发，辅导员工作室就受到了全国各地辅导员的广泛关注，其中不乏对文化育人尤其是地域文化育人感兴趣的同仁来函来电希望进一步地了解与交流。

当前世界正处于百年未有之大变局，习近平总书记近日对学校思政课建设作出了重要指示。他强调新时代新征程上，思政课建设面临新形势新任务，必须有新气象新作为。要始终坚持马克思主义指导地位，以中国特色社会主义取得的举世瞩目成就为内容支撑，以中华优秀传统文化、革命文化和社会主义先进文化为力量根基，把道理讲深讲透讲活，守正创新推动思政课建设内涵式发展，不断提高思政课的针对性和吸引力。

近年来，随着教育理念的不断更新，越来越多的学者和教育工作者开始关注“故事育人”这一策略。从某种意义上来说，人本身的成长就是由无数个故事所串联而成，其成长过程就是人生故事的演绎过程，只不过有些故事容易被感知，有些故事是隐性存在罢了。因此，辅导员将故事育人理念运用在大学生日常事务管理、思想政治教育、价值观引领等工作领导上，通过讲述真实、生动的故事，不仅可以激发学生的学习兴趣和情感共鸣，还能帮助学生悟透道理从而内化于心、外化于行。当然，随着教育理念的发展与更新，以及科技的不断进步，故事育人在大学生思想政治教育中的运用与实践将面临新的挑战，也将取得更大的成效。

# 参考文献

[1] 于欣欣．“故事育人”在大学生思想政治教育中的应用［J］．黑龙江教育(高教研究与评估)，2017（9）：84-86.

[2] 张春雨．新时代高校辅导员政治引领能力提升研究［J］．河北农业大学学报（社会科学版），2022，24（4）：126-132.

[3] 李丽，李艳，刘迪．讲好中国故事—提升大学生思想政治教育话语权的四重意蕴［J］．思想政治教育研究，2017，33（6）：73-74.

[4] 汪国良．构建“故事育人”体系，培养真善美的新时代少年［J］．中国德育，2023（22）：63-66.

[5] 陈艳飞，张润枝．论故事叙事在大学生思想政治教育中的运用［J］．学校党建与思想教育，2014（11）：30-32.

[6] 徐瑾．习近平文化思想对马克思主义文化理论的创新性发展［J］．廉政文化研究，2024，15（1）：1-11.

[7] 任大林．供给侧改革背景下辅导员工匠精神对青年培养的路径研究［J］．沈阳工程学院学报（社会科学版），2020，16（4）：141-144.

[8] 邓张升，戈誉阳，邓立治，栗时锋．创新创业教育融入高校辅导员思政教育工作“三层次、八模块”构建研究［J］．现代商贸工业，2020，41(34)：58-61.

[9] 付珍凤，周福栋．高校辅导员职业素质及提升路径研究——基于近五届全国高校辅导员年度人物先进事迹的文本分析［J］．亚太教育，2021

（21）：47-48.

［10］曾汉君. 教育叙事及其在思想政治理论课教学中应用的思考［J］. 教育探索，2011（5）：43-44.

［11］沈镇. 习近平关于思想政治教育重要论述的人文情怀探赜［J］. 黄冈师范学院学报，2023，43（5）：41-48.

［12］王鹏. 沟通“理论”与“实践”的桥梁——解读教育“叙事研究”［J］. 贵州师范大学学报（社会科学版），2006（2）：122-125.

［13］崔晓娟. 故事会说话：增强高校思想政治教育实效性的思考［J］. 兵团教育学院学报，2020，30（5）：16-20+39.

［14］周安琪. 论“讲好中国故事”在大学生思想政治教育中的意义与实践［J］. 吉林广播电视大学学报，2022（1）：16-19.

［15］丁钢. 教育叙事的理论探究［J］. 高等教育研究，2008（1）：32-37+64.

［16］陈志君，李元洪. 教育叙事研究的理论意义及其实施路径和效益［J］. 江苏教育，2013（43）：39-41.

［17］徐川，朱进东. 善用讲故事的方式讲道理［J］. 红旗文稿，2019（7）：25-27.

［18］潘晴雯. 从说理走向叙事：思政话语的转换及其意义［J］. 探索与争鸣，2012（8）：73-77.

［19］张铁成. “叙事疗法”融入高校辅导员资助育人工作研究［J］. 太原城市职业技术学院学报，2022（4）：83-85.

［20］蒋强军，梁文慧，丁浩，陈章奇. 论高等职业院校“大思政”工作队伍建设［J］. 沈阳农业大学学报（社会科学版），2012，14（1）：81-83.

［21］李清薇. 高校辅导员队伍建设中发展性评价理念的运用［J］. 高校学生工作研究，2022（2）：134-140.

［22］褚依哲. 家国情怀在道德与法治课堂教学中的浸润［J］. 当代家庭教育，2020（27）：78-79.

［23］邓子念. 立德树人视域下高校辅导员形象研究［J］. 阜阳职业技术学院学报，2021，32（1）：16-19.

[24] 陆延仕. 论新时代高校辅导员的使命与担当意识 [J]. 中外企业文化，2020 (12)：90-91.
[25] 盛瑞璇，牛翠萍. “微媒体”视域下思想政治教育话语转换路径探析 [J]. 开封教育学院学报，2018，38 (6)：189-190.
[26] 孟令玲. 辅导员视域下大学生社会主义核心价值观培育研究 [J]. 广西科技师范学院学报，2018，33 (6)：108-111.
[27] 秦艳龙. 高校辅导员领导力核心素养思考 [J]. 思想政治课研究，2018 (4)：97-100+131.
[28] 闫万理. 文化润疆视域下新疆高校思想政治工作提质增效路径探析 [J]. 广西教育，2023 (33)：60-64+68.
[29] 张远航，韩铁. 辅导员博客引导校园网络舆论的现状及对策 [J]. 辅导员，2013 (1)：45-49.
[30] 阙庆华. 谈湘商文化资源的高校德育功能 [J]. 文教资料，2018 (5)：81-82.
[31] 李崟. “讲好中国故事”在大学生思想政治教育中的现实意义、理论价值与实践策略 [J]. 思想理论教育，2020 (11)：98-101.
[32] 王馨. 高校辅导员管理育人研究 [D]. 华东政法大学，2022.
[33] 习近平. 在纪念马克思诞辰 200 周年大会上的讲话 [N]. 人民日报，2018-05-05 (2).
[34] 中共中央，国务院. 新时代爱国主义教育实施纲要 [N]. 人民日报，2019-11-13 (6).
[35] 习近平. 在北京大学师生座谈会上的讲话 [N]. 人民日报，2018-05-03 (2).
[36] 中共中央宣传部. 习近平新时代中国特色社会主义思想学习纲要 [M]. 京：学习出版社，人民出版社，2019.
[37] 中华人民共和国教育部. 普通高等学校辅导员队伍建设规定 [EB/OL]. (2017-09-21) [2024-05-21]. http：//www. moe. gov. cn/jyb_ xxgk/xxgk/zhengce/guizhang/202112/t20211206_ 585050. html.

[38] 新华社. 习近平对学校思政课建设作出重要指示强调 不断开创新时代思政教育新局面 努力培养更多让党放心爱国奉献担当民族复兴重任的时代新人［EB/OL］.（2024-05-11）［2024-05-21］. http：//www.xinhuanet.com/politics/20240511/e110936W9DfKdnqnHgTdAjt3DmxeDtapMnAUKp40/c.html.